何为人父

当爸是一种责任

傅文 ◎ 著

中国友谊出版公司

图书在版编目（CIP）数据

何为人父：当爸是一种责任 / 傅文著 . -- 北京 : 中国友谊出版公司 , 2024. 12. -- ISBN 978-7-5057-5977-0

Ⅰ . B821-49

中国国家版本馆 CIP 数据核字第 20248VG166 号

书名 **何为人父：当爸是一种责任**
作者 傅　文
出版 中国友谊出版公司
发行 中国友谊出版公司
经销 新华书店
印刷 三河市天润建兴印务有限公司
规格 880 毫米 ×1230 毫米　32 开
7. 375 印张　176 千字
版次 2024 年 12 月第 1 版
印次 2024 年 12 月第 1 次印刷
书号 ISBN 978-7-5057-5977-0
定价 49. 80 元
地址 北京市朝阳区西坝河南里 17 号楼
邮编 100028
电话 （010）64678009

目录

第一辑 陪伴——每个孩子都渴望一个『看得见』的爸爸

目录

第二辑 引领——成为孩子成长路上的闪耀星辰

目录

目录

第三辑 格局——父亲的眼界是丈量孩子未来的一把尺

目录

父亲，是男人最闪亮、最耀眼的角色

许多孩子都有一个共同的特点——进屋就找妈，哪怕爸爸就坐在门边，他们都会直接略过，这是做父亲的悲哀，也验证了“丧偶式育儿”“隐形爸爸”普遍存在。

相比于妈妈的角色，爸爸的角色好像不那么鲜明。从生理上说，孩子与妈妈认识较早，孩子与妈妈在相当长的时间里都处于共生关系，这种铁打的关系，哪里是爸爸能“插足”得了的呢？

从家庭责任来说，有相当一部分家庭，爸爸是家庭的顶梁柱，为家庭提供稳定的物质保障，把更多的精力放在事业上，在他们看来，为老婆、孩子提供丰衣足食的生活，才是男人的担当。

尽管如此，男人也不应该忽视一个身份——父亲。父亲像一座高山，挺拔、坚固，充满了力量，他的每一个动作、每一句话，都会深深地刻入孩子的脑海里，潜移默化地影响着孩子。他们会教孩子怎样面对风雨，怎样坚持到底，成为一个有责任、有担当的人；鼓励孩子大胆地去冒险，勇敢地去尝试，坚持不懈地去追求，不惧失败，向阳而生；他们又会像超级英雄一样，为孩子的成长保驾护航，给孩子闯荡世界的底气……

总之，父亲是一种独特的存在，是一种特别的力量。从小缺少父爱的孩子，就像成长中缺少钙，他们会感到孤独、无助，对自我价值和能力产生怀疑，影响性格角色的认同，缺乏建立亲密关系的能力。

所以，身为父亲，不管多忙，都不该忽视孩子的成长。不要总以为来日方长，孩子的成长不等人、不可逆，为人父母的期限很短，一旦错过，或许你想要补偿的陪伴已经无法传达，使缺席成了终身遗憾。

陪伴孩子，是父和子（女）的“双向成长”。在孩子身心健康成长的同时，父亲也在不断面临挑战，需要不断地学习与思考，从而促进自我的成长与进步。陪伴、引领、格局，是父亲送给孩子成长过程中最重要的三件礼物。《何为人父——当爸是一种责任》从这三大主题出发，讲述如何成为一个合格的好父亲。

生而为人，第一次做父亲，会有许多问题。翻开此书，你心中的很多困惑，或许能在这里找到答案，同时，也能让你放下焦虑，不慌不忙地与孩子共同成长进步！

陪伴 引领 格局

第一辑

陪伴

——每个孩子都渴望一个“看得见”的爸爸

Chapter 01 父爱，一种超级酷炫的力量

有一位著名心理学家曾说：“父亲是一种独特的存在，对培养孩子有一种特别的力量。”从父亲的身上，孩子学会了独立、坚强与勇敢，减少了娇情、放纵与冲动，让他们完成了从自然人到社会人的转变。所以说，父亲是孩子独立的底气，是勇敢的榜样，是通向世界的引路人。

壹 为啥"隐形老爸"越来越多？背后的故事让人有点小难过

孩子是夫妻的爱情结晶，培育孩子理应是夫妻的共同责任，但现实是有相当比例的家庭正在经历丧偶式育儿。丧偶式育儿是指在家庭教育中，因父母中的一方长时间缺位而产生的显著缺失，其中以父亲的缺失最为常见。

《中国家庭教育与儿童发展蓝皮书（2023）》就全国范围内0至14岁儿童日间和夜晚的照管情况做了一份调查，结果显示：

白天

- 43% 的儿童由母亲照看
- 祖父母承担照看任务的占 29%
- 24% 的儿童由除父母及祖父母之外的人照看
- 仅 4% 的儿童由父亲照看

夜间

- 57% 的儿童由母亲照看
- 25% 的儿童由祖父母照看
- 13% 的儿童由其他照管人，如学校照看或“自己照顾自己”
- 仅 5% 的儿童由父亲照看

> 无论是白天还是夜间，绝大部分照看孩子的任务都落在了母亲身上，反映出中国社会中父亲的长期缺位问题十分普遍。

由以上数据可知，丧偶式育儿是一个日益凸显的社会现象，这种现象是多种因素造成的结果。

首先，多数情况下，父亲扮演着家庭经济支柱的角色

在传统的家庭观念中，男性在家庭中承担顶梁柱的角色，是家庭的主要经济来源，而女性则更多地承担照顾家庭和子女的责任，深受这种传统观念影响的男性往往认为自己的主要责任是给孩子提供物质支持。

从社会层面来说，即便男性想与妻子分担照顾孩子的责任，但实际的工作制度又成了父亲履行育儿职责的障碍。电视剧《我们都要好好的》中的男主人公向前为了在职场上站稳脚跟，整日忙碌，经常忙到回家拿一下换洗的衣服，又匆匆离开。女主角寻找原本有美好的前途，但为了孩子，选择做全职妈妈。向前把精力全部投入到工作中，成了一位缺席爸爸。

在剧中有这样一个桥段，向前买了一束百合花向妻子寻找道歉，可寻找却把花直接扔了出去，因为孩子对百合花过敏，而向前连这么重要的事情都不知道。可见，他对孩子的事情几乎一无所知。

孩子的健康成长，不仅需要物质基础，更需要爱与陪伴的精神营养。

其次，父亲的责任意识不强

随着社会的进步和女性地位的提升，“男主外女主内”的家庭模式逐渐被打破，女人和男人一样叱咤职场，与男性共同承担家庭的经济责任，这种变化给了男性更多的育儿的机会，但是不少男性并没有承担起这份责任。

孟先生是一位五岁男孩的父亲，他的工作很清闲，经常看到他在小区篮球场上打篮球，儿子都是由他妻子照看，他对孩子的生活和学习都不是很了解。有一次，他的妻子跟他抱怨，他竟然轻描淡写地说了这样一句话：“孩子，不就是绑在桌腿上长大的吗？”

从孟先生的话语中，可以判断出他不是一个负责的好爸爸，父亲的责任意识不强，是导致丧偶式育儿的主要原因，他们认识不到自己在孩子成长过程中扮演着重要的角色，意识不到自己对孩子的健康成长起着至关重要的作用。

父爱是沉默的，如果你感觉到了那就不是父爱了！

——冰心

生活不易，但孩子的成长不可逆，只要有责任心，再忙碌的父亲也可以成为一个好父亲。所以，爸爸们，不要以忙碌为由，为自己的不负责任开脱了，只要愿意担当起肩上的那份责任，总会有机会陪伴孩子。

最后，可能会受妻子的观念和态度的影响

“大男人怎么能照顾好孩子呢？”有一些妈妈认为爸爸粗心、神经大条，天生就不会照顾孩子。

另外，有的妈妈比较强势，在教育孩子这件事上占据主导地位，会否定或者不重视丈夫的教育方式和方法，久而久之，削弱了父亲的存在感，使父亲不愿再插手孩子的教育。

但不可否认，家庭教育需要夫妻精诚合作，缺失任何一方，都可能给孩子带来不利的影响。

贰 三岁后，父爱开始发挥积极作用

安全感对于每个人来说都很重要，有安全感的人会爱自己，也懂得爱别人，能表达愤怒，也有直面困难的勇气，能体验幸福，也能承受失败的痛苦……

三岁之前是建立安全感的关键时期，这个时期母亲是孩子的重要养育者。母亲的关爱是孩子安全感的重要来源。当然，这并不是说父亲不重要，而是在三岁之前，孩子更喜欢和妈妈在一起。

爸爸们一定有这样的感触：每次想抱抱宝宝，和宝宝亲近一下，孩子都会十分抗拒，把头扭向一边，看向妈妈，使劲地喊“妈妈”，这会让爸爸们感到很失落吧？同时也很困惑，孩子为什么不喜欢自己呢？

这是因为孩子在妈妈的肚子里“住”了十个月，出生后，因为喂养的关系，孩子对妈妈有更多的依恋，此时孩子与妈妈是共生关系，在孩子的世界里只有妈妈。

爸爸们也不要难过，这种情况不会持续太久，孩子三岁之后，家庭中的“三角关系”逐渐形成，孩子开始意识到爸爸的存在，因为爸爸的介入，让孩子意识到这个世界除了妈妈，还有一个至亲，这可以让孩子慢慢地走向独立。如果爸爸是缺席的，就容易造成孩子无法走出与母亲的共生关系，这不利于孩子的健康成长。

那么，孩子三岁之后，父亲的陪伴会给孩子带来哪些变化呢？

1. 父亲的陪伴有助于孩子智力的发展

科学家用八齿鼠做过一项有趣的实验，让鼠妈妈和鼠爸爸分工合作养育小老鼠，鼠爸爸负责照顾小老鼠，等小老鼠长大后，就让鼠爸爸来陪它玩耍。研究发现，只有鼠爸爸待在窝里，小老鼠的大脑发育才会健全。

如果小老鼠一出生，就和鼠爸爸分开，小老鼠两个脑区内负责传递信息的突触连接数量就会大幅度下降。并且在大脑突触发育阶段，若鼠爸爸未能陪伴小老鼠，就会导致小老鼠的大脑皮层中有一块区域的发育存在缺陷，而这个皮层与做决策、情感等高级脑功能密切相关。

在科学家的干预下，使鼠妈妈和鼠爸爸分工合作养育小老鼠的情况与人类育儿十分相似，据此科学家推测，从小缺少爸爸陪伴的孩子，长大后行为更容易出现异常，或许就与该区域的突触的功能障碍有一定的关系。

美国耶鲁大学的一项研究也得出了同样的结论。通常情况下，母亲主要承担的是孩子的喂养任务，她们会照看孩子的生活起居，确保孩子吃得饱穿得暖，远离危险，增强自我保护意识，以及教会生活物品的使用等。

父亲在家庭中主要承担修理的任务，比如换灯泡、修电脑、安装桌椅等，在父亲的潜移默化下，孩子也会喜欢上动手操作，而动手操作对培养孩子的想象力、创造力、探索精神，以及独立解决问题的能力，都大有裨益。

2. 帮助孩子尽早建立规则意识

站在幼儿园门口，你经常会看到有些刚上幼儿园不久的小朋友哭闹不止，不愿意走进幼儿园。如果是妈妈遇到这种情况，她们通常会蹲下来，拥抱、安抚孩子，接纳孩子的情绪后，和孩子讲一些道理。

如果是爸爸送孩子上幼儿园，他们可能不和孩子讲道理，而是会和孩子说“你必须上幼儿园”，然后把孩子交给老师，转身离开，绝不拖泥带水。

由此可以看出，妈妈在教育孩子时，会非常在意孩子的感受，总是会关注、接纳、回应孩了，但是**爸爸在态度上会更坚决、更理性一些，会告知孩子这就是规则、原则，必须这样做。**

孩子终究要走入社会，适应社会生存的法则，而爸爸的陪伴则会让他们尽早建立起规则意识，为他们将来更好地适应社会生活打下良好的基础。

3. 强化孩子的性别认同

5 岁的壮壮说话细声细气，动作扭扭捏捏，在幼儿园里和小朋友发生一点矛盾，就会哭鼻子。壮壮生活在单亲家庭里，在他很小的时候，父母就离婚了，他平时由妈妈和姥姥照顾。他的生活中，几乎接触不到男性。

父亲对促进孩子性身份的自我识别和性角色的认同，起着非常重要的作用，对于男孩而言，他会通过模仿父亲的行为，明白怎样做一个男孩子，对女孩而言，父亲的陪伴和教育，让她知道男生与女生的不同。

此外，父亲的陪伴对孩子形成健全的人格也有着积极的意义，我们在下一节将详细讲述。

叁 当孩子有些“不一样”时，可能在呼唤父爱

三岁之前，孩子缺少父亲的陪伴，或许并不会表现出太多的异常，但随着孩子年龄的增长，父爱的缺失给孩子带来的影响和伤害会越来越明显，到时候再亡羊补牢，往往需要付出更大的代价。

浩浩原本是一个聪明懂事的小男孩，可自从两年前父亲因工作需要被调往外地之后，小家伙的性情逐渐发生了变化——脾气暴躁，任性执拗，在学校里经常因为一点小事就动手打同学，浩浩成了老师眼中的“问题儿童”。

爸爸知道了孩子的情况后，向单位请了一个星期的长假，想和儿子好好聊一聊。可是当爸爸把手放在浩浩的肩膀上时，浩浩十分抗拒，竟然一把推开，愤怒地说道：“我不用你管！”

那一刻，爸爸十分震惊，之前他与儿子的感情很好，两人经常一起打球、跑步、徒步旅行，无话不谈，可现在孩子为什么对自己这么冷漠和抗拒呢？

这是因为浩浩在两年的时间里失去了太多的父爱，与父亲长期不在一起，他对父亲产生了疏离和排斥，但是他的内心又十分渴望得到父爱，却不知道如何表达和排解这种不愉快的情感，于是做出了很多出格的行为，来吸引他人的注意。

浩浩的一系列行为是父爱饥渴症的典型表现，父爱饥渴症是指多数父亲因工作关系，与孩子接触的机会大幅度减少，使孩子无法形成健全的人格。从表面上看这些孩子不喜欢父亲，对父亲十分抗拒，其实他们只是想用这种叛逆的方式来表达对父爱强烈的心理需求。

读初中的时候，班上有一个特别的男生，他不像其他男孩一样，下课了就在操场上追跑打闹，他总是安静地坐在座位上。其他男生的皮肤都是黑不溜秋的，手臂上、小腿上常常有因为淘气留下的伤痕，青一块紫一块，但这个男生白白净净的，衣服一点褶皱都没有。

因为他和其他男生太不一样，男生们都不喜欢和他玩，但他似乎并不生气，反而十分愿意和女孩子在一起，说话轻言细语，一举一动都像个女孩子，和同学闹了矛盾，会像女生一样哭鼻子。

后来，我们才知道这个男生未出生之前，他的父亲就过世了，多年来，他与母亲相依为命，在他的成长历程中，长期缺少男性的陪伴，造成了他心理上的偏差。**父亲能够把健康、活力带给家庭，男孩子在整个成长过程中始终会向父亲学习，受到父亲的影响。**

当然，无论是男孩还是女孩，在父亲的陪伴下，都将有利于孩子形成健全的人格，都会让他们更独立、更勇敢、更自信。

很多爸爸更擅长运动，是孩子的第一任体育老师，愿意带孩子到户外活动，如跑步、打球、游泳、攀岩等，这不仅锻炼了孩子的意志力，也能让孩子因为运动变得更阳光自信。

7岁时，我感到父亲是天底下最聪明的人；
14岁时，我感到父亲是天底下最不通情理的人；
21岁时，我忽然发现父亲还是很聪明的。
——马克·吐温

有人说妈妈带娃是温情片，爸爸带娃是动作片、惊悚片，因为爸爸粗枝大叶，不像妈妈那样事无巨细地照顾孩子，他们会把孩子放在草地上，任由他们去玩耍、去探索，而自己则在一旁观察，偶尔孩子摔跤了，他们也不会立马跑过来察看。父亲这种“偷懒”的育儿方式，某种程度上会使孩子更加独立。

有的爸爸和孩子在一起，会比孩子玩得还开心。下雨了，见到水坑，可能他会和孩子争着抢着踩水坑，孩子笑，爸爸也笑。

肆 父爱缺席，女儿的婚姻会有“缺口”

或许很多人会认为父爱缺席，对男孩的影响会非常大，对女孩的影响应该微乎其微，但事实并非如此，女孩与父亲的关系，有可能会影响她的婚恋观。

早些年，BBC拍摄了一部纪录片，名为《父亲的生物学意义》，从父亲的这个角色切入，展开了关于父亲对子女影响的探索，其中包括父亲对女儿未来婚恋观的影响，得出了两个不可思议的研究结果。

1 父爱缺失，青春期可能会提前

2 父爱缺失，青春期怀孕概率会大大增加

英国达勒姆大学的布斯罗伊德教授将两组女孩的照片分别合成一张平均脸进行对比，A组是与父亲关系亲密的女孩，B组是缺乏父爱的女孩，结果发现 A 组的孩子脸庞圆润，神情自然，而 B 组的孩子神情紧张，看上去年龄也比 A 组的孩子要大一些。

为什么会产生这样的不同呢？这是因为缺少父爱的孩子，有更强的自我防卫意识，她们必须迫使自己更快地长大，以适应现实社会，所以，这些女孩子的青春期往往会提前半年或一年。

另外，由于缺少父亲的陪伴，B 组的女孩子缺乏对男性角色的正确认识，导致她们进入青春期后，更渴望得到异性的关爱，这有可能会让她们误入歧途。布斯罗伊德教授研究还发现，父亲缺位的女孩，在青春期时怀孕的概率是普通女孩的 2.5 倍。

父亲在孩子成长的过程中扮演着举足轻重的角色，对于女孩而言，父亲影响着她们对异性的认知和期望，一些女孩长大后，会以父亲为模板来挑选未来的另一半，她们的伴侣可能在长相上或是个性上与父亲相似，这是因为父亲是女孩人生中接触到的第一个且十分重要的男性。

恋爱脑是一种爱情至上的思维模式，主要表现为一恋爱就把全部精力和心思放在恋人身上。

有部分从小缺少父亲陪伴的女孩，成年后，若得到男性一丁点的关爱，就会恋爱脑上线，全情投入，从而让她们具备了吸引"渣男"的特质，并且她们恋爱的对象往往是年纪较大的男性。

小说《简·爱》中，简·爱从小父母双亡，成了一名孤儿，被寄养在舅舅家，视舅舅为父亲。不幸的是，没过多久舅舅也离世了，恶毒的舅母让她吃尽了苦头。成年后，简·爱爱上了她的雇主罗切斯特。

罗切斯特是一个比简·爱大20岁的男人，虽然有着优秀的家世和魅力，但他却是个十足的渣男，他隐瞒了已婚的事实，在与简·爱相处的过程中，表现出了自私、欺骗、冷酷、喜怒无常和不负责任的行为。

那么，简·爱怎么会爱上罗切斯特呢？有一种说法，认为夏洛蒂·勃朗特的《简·爱》，完美地诠释了什么是"恋父情结"。罗切斯特身上具有父性特质，简·爱在罗切斯特身上看到了父亲的影子，弥补了父爱的缺失，同时也满足了她对爱情的期待。

恋父情结是多种因素影响的结果，但缺少父爱是一个不可忽视的因素。

总之，在成长环境中，缺少父亲陪伴和关爱的女孩子，将来在婚恋问题上更容易出现问题，主要表现在以下三个方面：

第一，缺乏理智，容易被欺骗

缺少父爱的女孩子，可能会对异性有莫名的依恋，只要对方稍微对自己好一点，就会怦然心动，以为自己遇到了真爱，甚至会把异性对自己寻常的关心，误认为是爱情，这是因为她们试图通过爱情来弥补从小缺失的爱与安全感。

即便对方是个渣男，她们也会义无反顾，因为太需要这份爱。爱的匮乏让她们丧失理智，成为被欺骗的对象，哪怕是在他人看来很明显的套路，她们都无法识别出来。

第二，敏感多疑，患得患失

有一些从小缺少父爱的女孩，在谈恋爱的时候非常黏人，恨不得每时每刻都和男友在一起，不在一起的时候，电话打个不停，若对方没有接电话，或者接电话迟了，就会心生疑窦，胡思乱想。

这是因为她们对这份感情付出了百分之百的努力，爱到了极致，以至于失去了自我，同时也希望对方对自己也能做到情深似海，一旦对方的表现有一点瑕疵，就会患得患失，殊不知这种令人窒息的爱，往往更容易让人逃跑。

第三，感情受挫后，反应会更加激烈

失恋是痛苦的，对部分从小缺少父爱的女孩来说，失恋有可能是致命的。2019 年年初，杭州某派出所解救了一名要跳楼自杀的 17 岁少女，这名女孩从小父母离婚，缺少父爱，一年前谈了一个男朋友，最近因男友提出分手，女孩一时想不开，跑到了楼顶要自杀。

为什么从小缺少父爱的女孩在感情受挫后，反应会更加激烈呢？因为她们承受的不仅是失恋带来的痛苦，还有对自我的否定，她们会觉得自己不配被爱，因此而产生自卑感。内心充满了矛盾，一边渴望得到真爱，一边又觉得自己不配拥有，这种撕裂的疼痛让她们久久无法摆脱。

总之，这样的女孩在感情受挫后会陷入自我内耗的死循环，如下图所示：

女儿是爸爸的贴心小棉袄，哪个爸爸愿意自己的女儿将来婚恋不幸福呢？所以，爱女儿，希望女儿幸福，就好好陪伴她长大吧。

伍 男孩迈进青春期，老爸的影响力就像施了魔法

一个人的成长会经历很多重要的转型期，其中青春期是一个具有里程碑式意义的阶段，很多孩子从性格到行为，都会发生翻天覆地的变化，令父母措手不及，尤其是男孩子，他们的性格会变得古怪，情绪变化无常，易怒、焦虑、敏感，甚至做出很多愚蠢的事情，使得曾经亲密无间的亲子关系逐渐变得疏远，开启了“相爱相杀”的模式。

“我不敢相信，他会做出这样的事情，这还是我儿子吗？他之前很乖巧，很听话的。”邻居张姐带着哭腔向我讲述了她13岁的儿子偷家里一千多元钱买手机的事情。张姐的儿子名叫小伟，是一名初一的学生，学习成绩一直不错，也很听话、懂事，从来不乱花钱，非常节俭。

可自从上了初中后，小伟就像着了魔一样，非要买手机，张姐担心儿子没有自控力，会玩游戏上瘾，荒废了学业，坚决不同意。一天，张姐在收拾房间的时候，在一个角落里意外发现了一部新手机，

才知道小伟偷了家里的一千多元钱，买了手机。

张姐夫妻俩既震惊又愤怒，同时也有一种深深的担忧，担心小伟会学坏，走上歧途。小伟也认识到了错误，跪在地上认错，说自己是因为看到同学都有手机，就自己没有，觉得没面子，而且他知道自己的行为是错的，可就是管不住自己，他太渴望自己有一部手机了。

小伟并不是个例，家有青春期男孩的家长都有过类似的经历和感触，他们会发现孩子变得不可理喻，无法沟通，孩子做的事情令人难以置信。青春期是孩子从童年的幼稚走向成年的成熟的过渡阶段，男孩们渴望独立自主，希望摆脱家长和老师的控制，能够自己做决策，他们会反抗规则和权威，以此来证明“我长大了”。

所以，这个时候是管教孩子的关键期，父亲的角色尤为重要，因为很大程度上，父亲能够给孩子提供理智的爱，能够为男孩的成长提供支持与引导，同时对他们的行为进行适当的约束，为孩子今后的成长起到至关重要的作用。

电影《传奇的诞生》讲述了球王贝利从贫民窟擦鞋儿童，依靠自己的努力，成为足球界最强者的故事。贝利的成功有他父亲一半的功劳，因为贝利曾经也是一个问题少年。

贝利出生在巴西一户贫寒的家庭里，他从小就喜欢踢足球，但遭到了母亲的反对，因为贝利的父亲就曾是一名足球运动员，因在一场赛事中意外受伤不得不终止了运动生涯，沦落到给卫生医院洗厕所，母亲不愿意儿子走丈夫的老路，希望他能好好读书。

可是，贝利对读书不感兴趣，学习成绩很糟糕，讨厌老师的管束，故意跟老师对着干，和同学打架，尽管老师对他施行了最严厉的惩处，但贝利依然我行我素，难以驯服。尽管在外人眼里，贝利是个不争气的孩子，可他的父亲从来没有放弃他。

有一次，贝利遭到一名少年的嘲讽，给他起了一个侮辱性的外号，贝利便与那名少年打了一架，然后浑身是伤地回了家。父亲并没有责备他，而是对他说道：“我像你这样大时，也经常和别人打架，特别是当那些大孩子给我取外号的时候。但我渐渐长大后，我意识到一个好的球员，必须清楚一点，只有不安全感会给予你斗志。如果你想成为职业球员，就必须接受最真实的自己。”

贝利听到这番话后，眼睛里闪烁出了光芒。在父亲的陪伴和支持下，贝利克服了重重困难，最终从一个问题少年成长为一名伟大的足球运动员。

青春期是充满好奇和求知欲的时期，男孩子们精力旺盛，渴望获得更多的知识和经验，尽管他们会犯错，会做出不理智的行为，但作为父亲应该鼓励他们勇敢地去探索和尝试，这会让他们更加独立，在未来更好地应对生活中的种种挑战。

另外，青春期也是人格建立和价值观形成的关键时期，青春期男孩在生活中往往不需要太多的照顾，但是他们非常需要精神上的引导，此时父亲也应该教会孩子遵守规则，坚守底线，清楚什么事情绝对不能做，以免被社会不良环境和风气带坏。

总之，**对于青春期的男孩，要让他们感受到一股强大的道德约束力，来促进他们的健康成长。**

金牌老爸训练营

当好孩子成长舞台上的男主角

从孩子呱呱坠地开始，我们的身份悄然地发生了变化，当爸爸了！看着襁褓里粉嫩、柔弱的婴儿，我们既高兴又紧张，需要一段时间，才能适应父亲这个角色。

父亲，不仅仅是一个称谓，更是一种担当，这意味着我们要承担起养儿育女的重任。虽然肩上的担子重了，但初为人父的喜悦让我们浑身充满了力量，我们努力地工作赚钱养家，希望给孩子更优质的生活。

因为忙于工作，不知不觉之中，我们成了隐形爸爸，早出晚归，披星戴月，让孩子能醒着见我们一面都难，男人用努力工作的方式深爱着家庭，深爱着孩子。

可是，你可能忽视了一点，对孩子来说，优质的生活是有父母的陪伴，父爱的缺失带给孩子的将是不可逆的伤害，而且这种伤害会随着孩子年龄的增长越发明显，男孩容易焦虑、自卑、自制力差、叛逆，甚至有攻击行为等，女孩则容易在将来的婚恋问题上出现问题。

孩子就像一粒种子，如果你希望他能长成参天大树，那么，就不要缺席他的成长。像经营事业一样养育孩子，耐心守候着孩子的每一次进步与蜕变。

Chapter 02 父亲陪伴有方，孩子茁壮成长

人生是一场旅程，没有人指引，孩子将不知道自己的目的地在哪儿，常常徘徊于人生的岔路口，迷失方向。父亲的陪伴可以让孩子找到方向，驱赶走内心的恐惧，形成健全的人格，迈出坚定的步伐，走出一条自己专属的人生路。

壹 嘿，别再拿那种假惺惺的陪伴当真爱

你知道从孩子出生到上大学，你们能够共同拥有多少个周末吗？仅仅940个！在这940个周末里又有多少时间，父亲能做到心无旁骛地陪伴孩子呢？所以，留给父亲陪伴孩子的时间真的很少，不要总觉得来日方长，孩子的成长不等人，别让缺席成了遗憾。

陪伴是最长情的告白，父亲给予孩子高质量的陪伴，将会温暖他们的一生。那么，什么是高质量的陪伴呢？关于陪伴，不少父亲存在误解，认为和孩子待在一起就是陪伴，其实不然，有爱和情感的投入，才能称得上高质量的陪伴。

首先，陪伴要对孩子有所回应

现代生活，人们最离不开的就是手机，有不少父亲会一边陪孩子一边刷手机，没有和孩子进行半点互动，孩子想让爸爸和他一起玩，常常会被无情地拒绝，甚至被训斥：“一边玩去，别烦我！”

孩子是非常敏感的，当他们意识到父亲并不是真心陪伴自己，而只是敷衍，可能会生气，通过发脾气表达不满。如果他们的需求一直得不到满足，孩子就会认为自己是不重要的，不值得陪伴。

孩子会通过父母的回应来建立自我认知，父母积极地回应孩子，会让孩子在感受父母关爱的同时，也认识到自己存在的重要性，亲子之间的互动就会很愉快。

可能有的爸爸觉得自己工作太忙，没有太多的时间陪伴孩子，其实，完全不必要有这样的担心，孩子需要的是高质量的陪伴，哪怕是十几分钟，都会让孩子心满意足。

有一次，我去公园散步，忽然一个小男孩的喊声吸引了我。小男孩手指着一片树叶，惊喜地大叫道："爸爸，竹叶虫！"男孩的爸爸跑了过来，蹲在地上，和男孩一起观察，并讲解道："竹叶虫是个伪装高手，天敌很难发现它……"男孩眼睛里闪着光芒，认真地听着。

高质量地陪伴孩子十分钟，要远远强于没有质量地陪伴孩子一天。很多年后，这个男孩应该还记得在某个午后和爸爸一起度过的这段美好时光吧?

一般来说，经常获得高质量陪伴的孩子，并不会黏人，相反，那些特别黏人的孩子，玩一会儿就叫嚷爸爸妈妈的孩子，往往是陪伴不足造成的。

其次，分清陪伴的主角和配角

在陪伴的过程中，有些爸爸常常不由自主地喧宾夺主，把自己当成主角，把孩子看成配角。

一个小女孩和爸爸一起搭积木，小女孩喜欢把圆形的积木放在最底层，导致积木搭不了多高就会倒下来，爸爸在一旁不停地说道：“不是这样搭的，这样搭不高，应该这样。”

可是，女孩很固执，坚持要把圆形的积木放在最底层，爸爸很不耐烦地说道：“你怎么这么笨啊？这么简单都搭不好！”女孩噘着嘴巴，说道：“我要搭一个会跑的高楼，用圆形的积木做轮子。”爸爸听后不再说话。

陪伴孩子的时候，不要以成人的视角来看待孩子的行为，要允许孩子有自己的想法和节奏。若总是不停地说教、批评，孩子就感受不到亲子陪伴的美好了，他们会变得小心翼翼，生怕被批评、训斥，这就失去了陪伴的意义。

所以，爸爸们一定要记住：陪伴孩子是以孩子为中心，配合孩子的节奏，在孩子需要帮助的时候，再给予支持。

陪伴是爸爸送给孩子的一份珍贵礼物，这份礼物会让孩子被爱意和安全感包裹，成为他们未来生活的一道光。

贰 老爸大大咧咧的陪玩方式里，蕴藏着你想象不到的“宝藏”

有些家庭，妈妈陪孩子与爸爸陪孩子是截然不同的画风。

画风 A：孩子在前面跑，妈妈在身后一路相随，不停地叮嘱：“小心点，别摔跤了！”孩子跳进了泥坑，妈妈立马拉起孩子，大声地叫道：“快出来，太脏了！”孩子拆坏了新买的玩具，妈妈会责备孩子不懂得珍惜……

画风 B：把孩子装在一个大塑料袋里，提着孩子大摇大摆地走来走去，孩子十分享受地大笑着；父子俩在床上玩起了厮杀游戏，被子、枕头都成了武器，床上一片狼藉；和孩子玩打雪仗，把孩子埋在雪里，只露出两只眼睛……

总之，父亲可以陪孩子一起嗨，一起“疯”。

所以，人们常用“危险的时候，有父亲在是安全的；安全的时候，有父亲在是危险的”来形容父亲带娃。意思是说，在孩子遇到危险的时候，父亲会挺身而出，给孩子满满的安全感，但是在孩子安全的时候，父亲又会制造出很多危险。

或许在一些人看来爸爸粗线条的带娃方式不是什么好事，但实际上这对孩子成长起着很多积极的作用。

首先，爸爸陪孩子一起疯狂，会提高孩子的抗压能力

有些陪伴喜静不喜动，更倾向于亲子共读、角色扮演等游戏，而有些陪伴正好相反，喜动不喜静，户外运动是他们的最爱，所以，“爸爸式带娃”有利于提高孩子的抗压能力。

曾经在网上看过一个故事：一个小男孩体质非常弱，经常生病，尽管妈妈把他照顾得十分周到，可他还是每个月都要生一两次病。后来，爸爸把孩子转到了乡下的一所学校，每天完成了学校的功课后，他就带着孩子出去玩，去田野里抓兔子、逮山鸡，下河游泳，爬树抓知了，慢慢地，男孩的身体强壮了很多，性格也越来越开朗，就连学习成绩都有了显著的提高。

或许在有些人看来，这种带娃的方式太过疯狂，殊不知，孩子在疯狂的玩耍过程中，无时无刻不感受着来自爸爸带给他的安全感，这种安全感会让孩子不惧压力，具有更强的抗压能力。

有些男孩小时候喜欢从高一点的台阶上向下跳，起初他们是胆怯的，不敢跳下来，吓得两腿发抖，但是如果爸爸站在孩子面前，伸出双臂，对孩子说道：“来吧，爸爸接住你！”孩子就会变得勇敢，因为他相信爸爸一定会接住他，这就是来自爸爸的安全感。

有了安全感，胆量才能锻炼出来，在遇到挫折和困难的时候，孩子才会勇敢地面对，另外，安全感也是冒险精神和开拓精神的支柱，从小从父亲那里获得足够底气的孩子，将来才能勇于应对挑战。

其次，爸爸常常脑洞大开，让孩子更具有创造性

爸爸陪孩子玩耍，往往不走寻常路，会脑洞大开，自创一些游戏，这会给孩子带来不一样的体验。

丹麦童话作家安徒生出生在一个穷鞋匠家里，他居住的地方有不少贵族和地主，贵族、地主们怕降低了身份，不允许自己的孩子和安徒生一起玩。因为没有朋友，安徒生常常可怜巴巴地躲在角落里。

安徒生的父亲得知后，非常生气，但是他没有在儿子面前表现出来，而是很平和地对儿子说道：“他们不和你玩，我来陪你玩。”爸爸把安徒生简陋的房间布置成了一个小型博物馆，墙上挂上了许多画，橱窗柜上摆放上了玩具，书架上放上书籍和歌谱，就连门玻璃上都用风景画装饰了一番。

安徒生看到自己的房间焕然一新，高兴极了，他喜欢待在房间里，和父亲一起读故事、讨论剧本，父亲还经常陪着安徒生去街头观察埋头工作的手艺人、弯腰驼背的老乞丐，以及坐着马车横行霸道的贵族等人的生活，这些经历为安徒生今后的创作打下了坚实的基础。

对孩子来说，游戏不仅能带来欢乐，还能学到知识，挖掘出兴趣爱好，所以，一定要让孩子尽情地玩耍。但只有母亲陪伴玩耍是不够的，父亲一定要参与其中，让孩子享受到来自母亲和父亲不同的玩耍方式，才能促进孩子的全面发展。

爸爸在陪孩子玩耍的过程中，要注意以下三点：

1 安全

爸爸在与孩子的游戏互动过程中，一定要确保游戏场地、游戏道具的安全，在游戏过程中还要做好防护措施。

2 尽情投入

相比妈妈，爸爸通常是威严的，但在亲子游戏中，一定要放下威严，尽情地投入，和孩子一起撒欢。

3 配合

亲子游戏是两个人的配合，或许孩子一开始并不配合，爸爸一定要有耐心，不要急躁。

叁 想让宝贝出类拔萃？那就先和他一起奔跑吧

有这样一则新闻：长沙有一位爸爸，给9岁的儿子制定了一条硬性标准——每天必须保证足够的运动量，不够2个小时不准写作业。在爸爸的“监督”下，男孩学会了皮划艇、攀岩、滑雪，以及野外生存技能等。

当然，这个过程是充满艰辛的，孩子流了很多汗，吃了很多苦，受了很多罪，但是他咬牙坚持了下来，整个人变得勇敢坚强，神采奕奕，在接受采访的时候，他说了一句令人印象深刻的话，他说：“越难走的路，会通向最美的日出。”

从这句话中，我们能感受到这个男孩是自信且充满力量的，这才是少年该有的样子。与大多数“鸡娃”家长相比，这位父亲简直是一股清流。或许有的家长会有这样的怀疑：每天运动不影响学习成绩吗？

哈佛大学医学院临床副教授、神经精神医学领域专家约翰·瑞迪在他所著的《运动改造大脑》一书中强调了这样一个理念——运动可以改造大脑，他认为**运动是最佳的健脑丸，那些热爱运动的人往往思维活跃、做事认真、专注度高。**无独有偶，李玫瑾教授也曾经说过：“那些在操场上特别活跃的，都是学习特别优秀的。”

芝加哥一所中学用实践证明了该理论的正确性，这所中学要求学生每天早晨七点到校跑步，直到心跳达到最高值或者最大摄氧量的 70%，才开始上文化课。起初学校的这个“奇葩”要求，遭到了家长们的强烈反对，他们认为不上课先跑步，孩子身体疲惫，哪还有精神上课呢？

实验结果却显示：学生们上课的时候精神抖擞，课堂气氛非常活跃，学生的专注力、记忆力都大幅提高了。一个学期下来，学生们的理解能力、阅读能力，都比其他学校的学生高出了 10%。

脑科学家解释说，运动中的分泌物能改善注意力，保护大脑，全方位提升孩子的能力，尤其是大脑中的前额叶皮质和颞叶，前额叶对决策、专注力的影响非常大，颞叶中的“海马回”结构对形成长久记忆有帮助。

如果你家孩子每天学习时屁股上都像长了钉子一样坐不住，专注力特别差，脑袋里总是天马行空，无法进入学习状态，那么，你不妨陪他做做下面的运动。

1. 金鸡独立

金鸡独立，顾名思义就是一条腿站立，父亲可以和孩子来一场比赛，看看谁一条腿站立的时间更长。当然，你还可以增加难度，比如，在头顶上放一本书，站立的时候不能让书掉下来，或者头顶一本书行走，书掉下来为输。

2. 变速跳绳

跳绳是一项需要高度集中注意力的运动，稍微分心，绳子就会绊住双脚。现在，我们把跳绳进一步改良——变速跳绳，即跳一定数量后加速，或者跳一定数量后减速，难度一下子就提升了，这需要孩子始终要保持注意力集中。当然，最好是双人跳，爸爸摇绳，和孩子一起跳，这能激发孩子的运动积极性。

3. 踢足球

这是一项非常适合孩子的运动，在足球运动中，无论孩子处在无球状态，还是把球控制在脚下，都需要保持很高的专注力，不然就抢不到球，或者球被人抢走。爸爸和孩子一起踢足球，既锻炼了孩子的专注力，又在欢声笑语中增进了父子（女）感情。

4. 丢沙包

爸爸与孩子玩丢沙包，孩子要时刻做好防御，防止遭到沙包的攻击，爸爸可以做一些声东击西的动作，增加这项运动的趣味性。

著名教育家蔡元培曾说过：“人的健全，不但靠饮食，尤靠运动。”父亲陪孩子一起运动，有诸多裨益，除了能提高专注力，锻炼身体，还能开阔视野，培养孩子勇敢无畏的精神，这种精神是一笔可贵的财富，它会伴随孩子的一生，无论孩子遇到怎样的困难，都不会逃避退缩，会一直勇往直前，活出自己的精彩人生。

肆 认真听孩子“碎碎念”，你就是他心中的小太阳

不少家长都反感孩子发脾气，孩子一哭闹，立马感觉头都大了一圈，便会本能地训斥孩子：“闭嘴，别哭了！”这样做根本无济于事。因为脑中的前额叶是负责控制人情绪的组织，而前额叶要到青少年后期才发育完成。所以，对年幼的孩子来说，哭是其表达情绪的主要方式。

心理学认为每种情绪的背后都藏着一个未被满足的心理需求，而倾听是了解孩子心理需求的重要途径，父亲应积极承担这项任务，在孩子哭闹时，控制好自己的情绪。

1. 觉察

觉察是倾听的前提，有的时候孩子的情绪并不会通过发脾气、哭闹直白地表现出来，所以，需要我们自己去发现。

在咖啡厅里，我见到过这样一个场景：一位爸爸正在用笔记本电脑工作，一旁有一个 4 岁左右的小男孩正在看书，这应该是一对父子。一会儿，男孩跑到爸爸身边，问道：“这是兔子吗？”爸爸看了一眼，点了点头。男孩坐回了原位，不一会儿，他又跑来问道：

“这是老虎吗？”爸爸很不耐烦地问道：“你明明知道，为什么还要一遍遍地问我？”

男孩嘟着嘴巴，很委屈的样子，过了好一会儿，才小声地说道：“爸爸，你工作累吗？”爸爸停顿了一会儿，摸了摸男孩的头，笑着问道：“你想让我陪你玩，对吗？”男孩高兴地点了点头，强调道：“就一会儿。”

这位父亲能从孩子的言行中觉察到他情绪的变化，从而很好地倾听了孩子的心理需求。

孩子突然变安静了，可能与情绪状态有关。

2. 引导

当孩子发脾气或者情绪不好时，爸爸要引导孩子开口，才能知道他情绪背后的原因，可是，不少爸爸一张嘴就让孩子闭嘴，孩子不愿意表达了，因为家长总是用总结性的语言或者质问式的语言，而不是使用开启话题式的语言。

开启话题式的语言	总结性或质问式的语言
举例： 你看上去对这次考试有些担心。	**总结性语言：** 都这么大了，考过那么多次了，怕什么！ **质问式语言：** 你现在害怕考试，早干什么去了？

开启话题式的语言，不带有评价和建议，只是在诠释孩子的感受，这样才能让孩子感觉到关爱，愿意进一步交流沟通。总结性的语言或者质问式的语言则会触发孩子的防御机制，使他们不愿意说出心里话。

3. 倾听

倾听之前，爸爸们先明确一点：自己是否处在一个良好的状态，如果你在工作中遇到了不顺心的事情，心情很烦躁，先不要着急去解决孩子的问题，将自己的情绪处理好才是当务之急。在倾听的过程中，应注意以下几点：

（1）学会共情

共情是一种能深入他人主观世界，了解其感受的能力，是倾听时必备的一种技能，看看下面的两句话，哪句话是共情呢？

A. 告诉我，你到底怎么了？

B. 你看上去有些不开心。

显然，B 是共情，A 是追问。将心比心，如果是你，愿意接受哪一种沟通方式呢？答案不言自明。

（2）关注孩子的非语言信息

孩子在表达的过程中，父亲不能仅用耳朵听，还要用眼睛观察孩子的动作、表情等非语言信息，有时候孩子可能无法用语言准确地表达自己的感受，或者不愿意将全部的感受和盘托出，但通过非语言信息，我们可以了解到孩子真实的情绪和感受。

（3）积极地回应孩子

在倾听的过程中，父亲要积极地回应孩子，比如，当孩子说到伤心处忍不住落泪时，父亲可以轻轻地拍一拍孩子的后背，简单地回复“嗯”“是的”等话语，来表达对孩子所说内容的关注和理解，孩子感受到了被理解、被重视，才会继续表达。

（4）尊重孩子的感受

一个八岁的男孩在竞选班干部时落选了，男孩很难过，和爸爸讲述了整个事件的经过，其间爸爸几次打断孩子，说道：“不当班干部又能怎样，有什么大不了的，别愁眉苦脸的。”最终男孩放声大哭起来，爸爸很生气，责备道：“我都安慰你半天了，你还有完没完？”

孩子诉说、哭泣都是一种正常的情绪发泄，是帮助他们情绪回归正常的有效手段。如果爸爸执意地劝说孩子或者一味地鼓励振作，就会导致他们的不良情绪无法宣泄出来，久而久之，不良情绪就会越积越多，最终像被撑破的气球一样炸裂开。

所以，父亲**一定要充分尊重和接纳孩子的感受，这会让孩子**

的情感找到依靠，有时并不需要帮助他解决问题，只是让他感受到爱和支持，便足够了。

拥抱是治愈不开心最有效的良药。

倾听是一个关注和理解的过程，父亲有效地倾听孩子的心声，才能缓解他的紧张焦虑，帮助他释放压力，促进孩子的健康成长。

伍 多和孩子聊聊理想吧，让他去追寻闪闪发光的目标

巴拉昂是法国一位年轻的媒体大亨，他去世后，在报纸上刊登了一份遗嘱："我曾经是一个穷人，去世时却以富人的身份进入天堂，我想留下自己成为富人的秘诀。如果谁能回答出'穷人最缺少的是什么'这个问题，我将奖励他 100 万法郎。"

人们给出的答案五花八门，绝大部分人认为穷人最缺少的是金钱，还有一部分人认为缺少的是机会或者技能，但正确答案是野心。野心是什么，就是理想，就是奋斗目标，就是行动的动力！

一定要努力，不能放了理想的鸽子。

如果一个孩子从小有理想，那么，他的未来会是什么样子的呢？哈佛大学的心理学教授麦克利兰做过许多研究，其中有一项实验，实验对象是一群孩子，他设置了一些木桩，然后给孩子们提供一些绳圈，让他们去套木桩，木桩由近到远，孩子们可以自由选择套哪一个木桩。如下图所示：

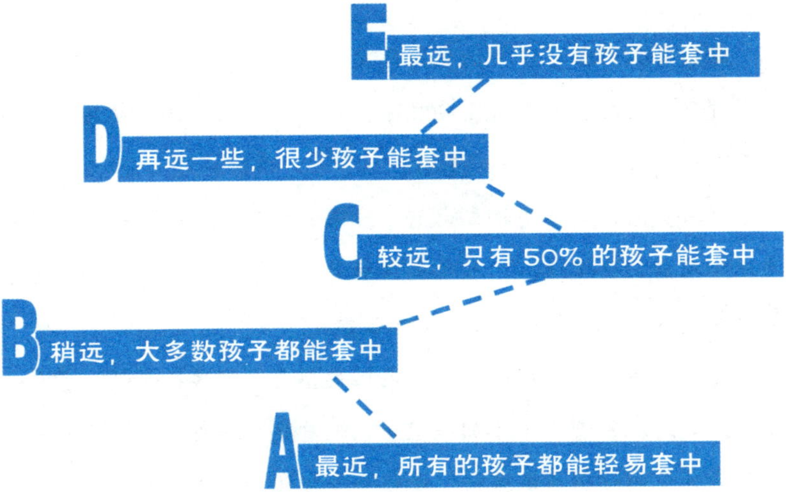

测试结束后，实验人员对这些孩子进行了长达 14 年的跟踪调查，结果发现：选择 C 桩和 D 桩的孩子更有韧性，遇到困难会积极地克服困难，在工作和学习上都表现得十分优异，相比之下，那些选择 A 桩、B 桩或 E 桩的孩子，他们的人生要暗淡得多。

麦克利兰教授由此得出结论：选择合理目标的孩子，他们的思维更理性，不惧风险，懂得努力和坚持。

美国心理学家本杰明 · 布鲁姆曾对美国名人进行过一项有趣的调查，这些名人包括数学家、雕塑家、钢琴家、奥运冠军等，调查结果显示：决定一个孩子未来能否取得辉煌成就的首要因素不是“天才”，而是奋斗目标，即理想。这一结果与麦克利兰的结论如出一辙。

没有理想，就达不到目的，理想是指路的明灯，是一种无形的力量。如果你希望孩子将来有所成就，就应该尽早在孩子心中种下一颗理想的种子。

电影《银河补习班》的主角马飞因父亲入狱，缺少父爱，变成了老师眼中的坏孩子，甚至要被学校开除，他的妈妈也认为儿子不争气，对他彻底失望，不闻不问。

后来，他的父亲马皓文出狱了，他做的第一件事就是给孩子建立理想意识，他说道：“人生就像射箭，梦想就是箭靶子，你连箭靶子都找不到，那每天拉弓还有什么意义？”

马飞童年时期就对地球仪和飞机模型有着浓厚的兴趣，于是，马皓文不断地带着儿子参加航空展、观看战斗机飞行，指引和支持他朝着自己的理想勇敢前行。最终马飞在父亲的陪伴下，成为一名出色的宇航员，成为大家为之骄傲的榜样。

现在有不少孩子缺少内驱力，不知道为什么上学，每天过得浑浑噩噩，唯一能让他们专注的事情便是游戏，活在脱离现实的虚幻世界中，这不能完全怪孩子，因为家长没有在他们心中播下理想的种子，使他们就像浮萍一样，随波逐流。

爸爸能够帮助孩子明确未来的方向，多和孩子谈理想，他的人生才不会迷茫。可能有人会说自家孩子的理想很小，比如，有的孩子长大了想当一名外卖员，这样就知道哪家的饭菜好吃，可以吃到很多美食。

如果孩子年龄还小，无须担心，因为其视野和思维能力有限，随着年龄的增长，理想会发生变化，越来越与自身相匹配，越来越接近现实。当然，理想不是天马行空、不切实际的幻想，而应该符合孩子的天资条件，并且是通过不懈的努力，有可能实现的。

比如，有的孩子的理想是考入某所名牌大学，这样的理想有可能实现，但是我们不能整天把“一定要考入 × × 大学”挂在嘴边，因为这不是目的，而是一个追求的过程。爸爸的职责是陪伴孩子走过这段路，遇到挫折，就给孩子鼓劲、加油，取得了收获，就为孩子加油喝彩，总之无论如何都要无条件地支持孩子。

追逐理想的路是曲折的、艰辛的，但有了父亲厚重的爱与无条件的支持，就能让孩子不惧风雨，有了向着目标不断前行的勇气和决心。

父亲的手，温暖有力，给孩子最坚定的支持。

金牌老爸训练营

爸爸是孩子人生画卷的涂鸦大师

童年的经历就像画布的底色，一旦定了，整幅画就有了独特的风格，它决定了孩子的人生画卷是深沉稳重的，还是清新明亮的，而爸爸就是帮助孩子挑选画布的人，那么，你该帮助孩子如何选择人生的起始色呢？做好以下三件事很重要。

第一，认真地陪伴孩子，不假惺惺作态

爸爸粗线条的陪伴方式，能让孩子脑洞大开，提高孩子的创造力和抗压能力。当然，前提是爸爸不能惺惺作态，把“陪”在身边当成陪伴，抱着手机、盯着屏幕地站在孩子身边，不能叫陪伴，陪伴要对孩子有所回应，做好孩子的配角，尽情地投入，和孩子一起撒欢。

第二，陪孩子动起来

运动是最佳的健脑丸，热爱运动的孩子思维更活跃，专注度更高，如果你家孩子坐不住，专注力差，那就和他一起动起来。

第三，做个会听、会说的爸爸

一个会倾听的爸爸不会嫌孩子烦，他会在孩子的“碎碎念”中发现孩子的喜怒哀乐，孩子高兴时，和他一起手舞足蹈，孩子忧伤时，给他一个大大的拥抱。爸爸应和孩子一起畅谈理想，让他早点找到人生的目标，朝着闪闪发光的目标，勇往直前。

第二辑

引领

——成为孩子成长路上的闪耀星辰

Chapter 03 大胆放手，让孩子追求自己的独立小宇宙

“这个世界上，所有的爱都以聚合为最终目的，只有一种爱以分离为目的——那就是父母对孩子的爱。”儿女终要离开父母，他们将拿什么安身立命呢？唯有独立，父母教会孩子独立是成长最好的守护。

壹 别把孩子攥得太紧，让他像野花一样绽放

上海的街头，曾出现这样令人震惊的一幕：一位阿姨走在街上，突然一个健壮的男子从后面冲了过来，一把抱起阿姨，在空中甩来甩去，阿姨试图挣扎，却被男子按倒在地上，疯狂地殴打。

令人万万没想到的是，打人的男子竟然是这位阿姨的儿子，因为向阿姨索要三万块钱被母亲拒绝，男子就做出了疯狂的行为，这一幕让人毛骨悚然。

如今的社会，和这名男子一样的“巨婴”不在少数，我们不禁要问：一个成年人为何还不能养活自己，要靠啃老为生呢？或许是父母太宠爱他们，把他们捧在手心里，不肯放手，导致他们的心理年龄永远停留在了幼年时期。

英国心理学家西尔维亚说过一句很走心的话：“这个世界上，所有的爱都以聚合为最终目的，只有一种爱以分离为目的——那就是父母对孩子的爱。”从孩子呱呱坠地到长大成人，我们不是最想看到孩子能够离开父母羽翼的庇护，独立生活得很好吗？

每年九月份，幼儿园门口都会上演“悲情大戏”，哭泣的不仅是第一次离开父母的孩子，还有第一次离开孩子的父母，甚至一向理性的爸爸们都会忍不住红了眼眶。**爸爸们始终要明白一个道理：舍不得放手就是一种伤害。**

这种伤害不会马上显现，但随着孩子年龄的增长，伤害就会愈发明显，愈发严重，主要表现在以下三个方面：

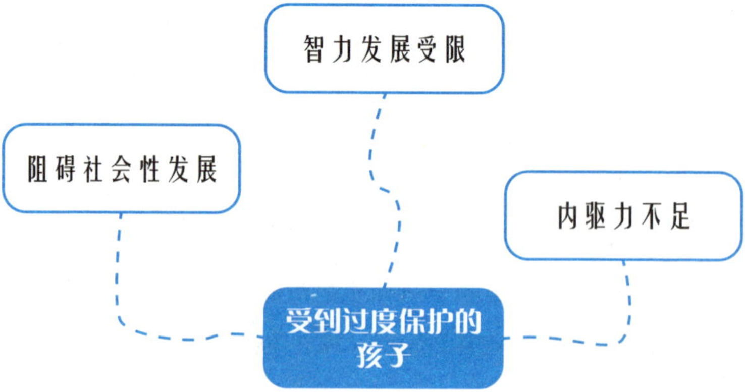

1. 阻碍社会性发展

儿童的社会化过程也是儿童的心理成熟过程，儿童的社会性是在其活动中、与他人交往的过程中逐渐形成的。

孩子三岁之前与父母生活在一起，三岁以后开始上幼儿园，学习与他人交往，来发展他的社会性。孩子要融入集体中去，就必须发展自我意识、自我评价和自我控制能力，并发展独立性，逐步适应社会生活。

那些过度保护、父母不肯放手的孩子，他/她的人际交往仅限于家人，就很难获得与他人交往的机会，无法获得人际交往的方法与技巧，将来步入社会后，便会有诸多的不适应。

2. 智力发展受限

我所住的小区里有一个男孩，今年4岁了，基本不会说话，父母很着急，多次带孩子去医院检查，结果一切正常。为什么会这样呢？原来是男孩的父母把孩子照顾得太细致了，比如，孩子要喝奶，眼睛看向奶瓶，没等他开口，家长就把奶瓶拿过来，递到他手上了。孩子要出去玩，指了指门，家长就明白了。

在家长的百般呵护下，孩子根本不需要开口，自然就学不会说话。孩子在最初学说话的时候，大家可能有这样的体会，孩子在着急或者有需要的时候才会喊妈妈爸爸。所以，过度保护下的儿童，他的活动和需求是有限的，这就限制了儿童智力和心理活动的发展。

3. 内驱力不足

有一位爸爸做生意很成功，家境殷实，他常对自己的两个儿子说："只要你们这辈子不赌、不走歪，我赚的钱够你们生活一辈子。"

父母有兜底的能力固然好，但是孩子的人生应该由自己做主，活成自己想要的样子。如果过早地为他兜底，就让他失去了内驱力。

心理学家认为，个体在生理上或心理上有某种需要，这种需要的内驱力——动机，会推动个体产生为满足其需要的一系列行为。如果父母已经满足了孩子的一切需要，想要什么有什么，想干什么干什么，他的内驱力就受到了抑制，从而降低了他探索外界的主动性和积极性。

冰心曾说："让孩子像野花一样自然生长。"要让孩子自然生长，就应该向狐狸学习。狐狸世界的法则是：成年后的狐狸不能与父母生活在一起，它们会被父母驱赶出领地，让其独自生活。

在动物界中，狐狸是很普通的小动物，它们没有猎豹的速度，没有老虎的力量，但它们十分聪明和狡猾，才能让它们在自然界中生生不息，它们的这些能力都是在独自生活的过程中慢慢摸索出来的。

我们的孩子何尝不是如此呢？我们不能陪伴孩子一生，不能一直帮他们，能帮助他们的只有他们自己，唯有自己努力，才能生活得更好。所以，请不要让过度保护成为孩子成长的绊脚石，勇敢地放手吧！

贰 和孩子保持点距离，做个“有限责任”的爸爸

一天送孩子去上学，在学校门口看到一个八九岁的女孩正在大哭着对一位男子说道：“爸爸，你回去给我拿，不然老师会罚站的。”男子不为所动，语气平和地说道：“这不是我的责任，上学前检查好书包，带齐学习用品，是你自己的事情。”

原来，女孩忘记带语文书，想让爸爸回家去取，但被爸爸拒绝了。周围的家长得知了事情的原委，纷纷劝女孩的爸爸回去给孩子拿书，但是这位爸爸没有听劝，对女孩说道：“你自己想办法吧，我要去上班了。”说完，转身离开，女孩抽噎着走进了校门。

或许在很多人眼中，这位爸爸不称职，但是我却非常支持他的做法，因为他是一个有界限感、懂分寸的家长，他知道自己和孩子的边界在哪里，属于孩子范围的事情就由孩子自己负责，属于家长范围的事情由他来承担，做到了界限分明，责任清晰。

现在有一些孩子独立性普遍较差，就与父母和孩子的界限不清有关。早晨，家长叫孩子起床，整理他的书包、文具，带好水杯，背上孩子的书包，送他去上学。下午放学回到家，孩子又问爸爸

妈妈：“今天的家庭作业是什么啊？”记作业也成了家长的事情，在软磨硬泡之下，孩子好不容易把作业写完了，家长又要认真地给孩子检查一遍，看孩子作业是否全部写完了……把孩子的事情大包大揽，家长还怎么要求孩子独立？

若父母把孩子的人生都活了，孩子活什么？

——心理学者李雪

很喜欢北大才女赵婕说过的一段话：“我钦佩一种父母，他们在孩子年幼时给予强烈的亲密，又在孩子长大后得体地退出。照顾和分离，都是父母在孩子身上必须完成的任务。亲子关系不是一种恒久的占有，而是生命中一场深厚的缘分。我们既不能使孩子感到童年贫瘠，又不能让孩子觉得成年窒息。”

孩子年幼时给予，孩子长大后得体地退出，才是合格的父母。现实生活中的“妈宝男”就是因为妈妈未能得体地退出造成的，当然，我们不能完全怪罪妈妈，这也与爸爸的不闻不问、隐形存在密不可分，所以，爸爸们一定不能缺席孩子的教育，尤其是在培养孩子独立性方面。

第一，让孩子明白什么是界限

若孩子年龄小，我们可以先教他认识物理界限，比如，马路上的机动车道与非机动车道，院子里的围墙，每家每户的大门等。然后，我们再让孩子认识心理界限，让孩子认识到每个人都是独立的个体，都享有一定的权利，都应该承担一定的责任。

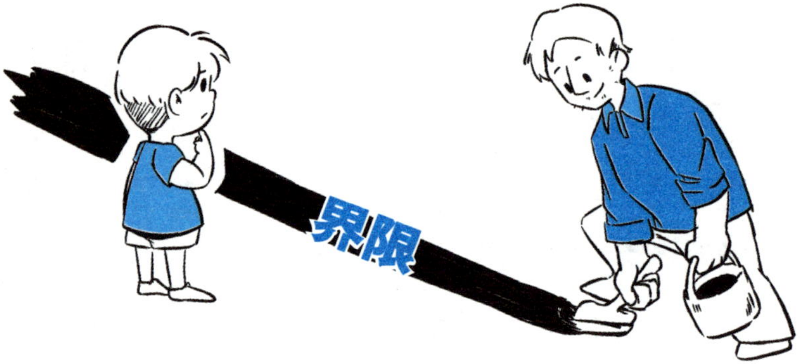

树立界限意识，既保护自己，又不侵犯他人。

第二，建立起父母与孩子之间的界限

美国儿童心理学家汤森德博士说过这样一段话："父母是孩子曲折人生道路上的护栏，你必须坚强，当孩子一次又一次撞击护栏时，你要站稳，你必须坚强到底，让你的孩子学会走在栏杆内。护栏一定会被碰撞的，但它们若发挥功用，将能保护那一再碰撞他们的孩子的一生。"

这句话提醒我们一定要明确与孩子之间的界限，哪些事情是孩子应该做的，哪些是父母应该做的，互不干涉，互不侵犯。孩子成长为独立的个体，不是一蹴而就的，而是一个不断发展的过程，一般孩子要经历以下几个独立的关键期：

1 两岁左右

开始出现独立意识，孩子常把“我”“我的”作为口头禅；在生活技能方面，开始自己吃饭，尝试自己穿衣服。

2 六岁左右

这个年龄段是与母亲真正分离的起点，孩子既想独立，又依赖妈妈，内心充满了矛盾。

3 九岁左右

独立性与自我意识增强，希望摆脱对父母的依赖，独立完成一些事。

4 青春期前后

独立是此阶段孩子的最大追求，他们渴望摆脱父母，树立自己的形象。

在不同的年龄阶段，处于不同的独立关键期，对孩子培养的重点和独立要求也不尽相同，看看你家孩子达标了吗？

两岁至六岁 生活自理能力

2.5 岁：自己吃饭、背书包、整理玩具等

4 岁左右：自己洗脸刷牙、洗澡、上厕所、整理衣服等

6 岁左右：自己整理书包、叠被子和衣服等

六岁至九岁 自主学习能力

主动做作业，检查作业，做好预习与复习等

九岁至青春期前
独立思考能力

学会独立思考，敢于大胆质疑，询问为什么等

青春期
独立价值观

有主见，坚持自己的立场，不会轻易受到他人的影响

3. 守好界限，坚决对孩子说“不”

独立，是迟早要经历的阵痛，有阵痛才会有成长。在这个过程中，孩子会通过发脾气、哭闹来表达不满，你一定要坚持原则，守好界限，不能让步的事情绝不能后退一步，大声地对孩子说“不”，促使孩子独立成长。

一位作家曾经说过，“孩子是独立的个体，他是你生命的延伸，但不是你身体的一部分”。父母如果没有界限感，孩子便很难长大，只有父母维护好界限，孩子才能越独立。那些看似心狠的做法，日后都会成为孩子飞翔的翅膀。

叁 建立规则意识，帮助孩子打开通往有序世界的大门

有一段时间，每次接孩子放学回家，几乎都要在楼下等很久的电梯，因为我们这个单元有一个读一年级的男孩，他每次乘电梯，会把所有楼层都按亮。有一次一位邻居和男孩同乘电梯，批评了男孩两句，男孩的爷爷便不高兴了，说："他还是个孩子，有点调皮很正常，你和一个孩子计较什么啊？"

男孩的行为影响了他人出行，这是没有道德的表现，同时也说明他心里没有规则意识。生活中处处需要规则，人们遵守规则，生活才会有秩序，不遵守规则，缺乏对规则的敬畏，伤害的不仅是他人，更是自己。

2018 年 10 月的一天，江西省新余市一名 13 岁男孩在乘坐汽车时，将身体探出天窗外，结果导致头部直接与限高杆相撞，当场身亡。如果他心中有规则意识，就不会做出这么危险的行为。

规则是社会生活的基石，也是人们行为的指南，对于孩子来说，他们在成长的过程中逐渐明白什么事情可以做，什么事情绝不能做，并且做到自律，能够约束自己的行为，这是他们独立生活的前提。那么，该如何建立孩子的规则意识呢？

1. 二至六岁是建立规则意识的关键期

心理学有一个概念叫“自我中心年龄”，是指儿童六七岁以前的年龄阶段，心理学家皮亚杰认为，在这个年龄段的孩子完全以自身为中心。比如，一个四岁的孩子和爸爸逛商场，看上了一个玩具，而家里已经有了类似的玩具，被爸爸拒绝后，孩子不依不饶，躺在地上大哭不止。

如果我们不对孩子的行为进行制止，明确告诉他这是不被允许的行为，那么，他“以自我为中心”的情况就会愈演愈烈，更加为所欲为，从而成为“小霸王”。孩子的自我意识形成于二至三岁，从这个时候开始，我们就应该逐渐培养孩子的规则意识，对他们的不良行为说“不”，并加以制止，让他们明白这个世界是有规则的，随着年龄的增长，他们就会逐渐学会约束自己，匡正自己的言行。

父善教子者，教于孩提。

——［宋］林逋《省心录》

2. 规则的建立应以孩子的发展规律为前提

不少家长都有过这样的苦恼：年幼的孩子拿着笔到处乱涂乱画，墙壁上、床单上、书桌上，都是他们的涂鸦场所，教训过孩子很多次，可孩子依然屡教不改。

出现这种情况，问题不在孩子，而是在家长，因为孩子正处于绘画敏感期，他们的行为是一种学习方式，而不是有意破坏规则的捣蛋。家长要做的不是制止他们乱画的行为，而是应该给孩子准备一个绘画的空间。

比如，买一块可以粘在墙上的黑板，告诉孩子这里是绘画区，绘画必须在这里进行，就可以很轻松地纠正孩子的乱涂乱画行为了。

所以，我们应该明确一点，**给孩子设立规则，不是以方便家长为前提，而是应以符合孩子的发展规律为前提。**

3. 建立规则靠说教，执行规定靠惩戒

小丹，今年七岁，是一个整理家务的小能手，她的房间里每一样物品都放得整整齐齐，桌面上一尘不染，就连成年人都自愧不如。

我问她的爸爸是如何教育女儿的，她的爸爸告诉我，之前小丹也是个不爱做家务的孩子，房间里经常乱七八糟的，每次要去上学了，课本、作业本还不知道在哪里，爸爸教育过她很多次，都不见效果。

后来，他想了一个办法，女儿放学回家，他故意坐在沙发上看电视，不给女儿做饭，小丹饿得受不了了，问爸爸为什么不做饭。他回答说："我为什么要做饭？我今天不想做。收拾房间是你的责任，你都可以不做，我为什么不可以呢？"

小丹拗不过爸爸，把房间收拾好了，又来央求爸爸做饭给她吃。有了这次挨饿的经历，小丹明白了有些事情必须得做。

很多时候，孩子清楚什么是规则，应该做什么事情，但是执行力不够，所以，仅靠说教是无法建立起规则意识的，我们必须行动起来，对孩子不遵守规则的行为进行惩戒，这样他们才能敬畏规则。

良好的规则意识是孩子储备独立资本的重要保障，但这是一个长期的过程，需要家长的耐心引导和陪伴，持之以恒，才能见成效。

肆 让孩子自己做决定，活成他最爱的模样

为人父母，最容易踩的育儿坑，就是打着“为你好”的名义，控制孩子的人生。

2023 年 7 月，一则妈妈偷走录取通知书阻挠女儿入学的新闻登上了热搜。事情发生在一个重庆女孩小佳（化名）的身上，因为喜欢舞台艺术，小佳报考了中戏的戏剧教育专业，并顺利地拿到了录取通知书，可就在距离入学还有十一天的时候，她的录取通知书、身份证、户口本等证件却不翼而飞，而拿走这些东西的人，竟然是她的妈妈，妈妈这样做就是为了阻挠小佳入学。

原来，小佳的妈妈早就给女儿规划好了人生，希望她留在重庆，做一名老师。其实，这并不是妈妈第一次掌控女儿的人生，她对女儿的掌控几乎是 360 度无死角的，不准女儿住校，不准吃学校食堂的饭菜，不准和朋友出去玩，使得小佳整个中学都过得很压抑。

现实生活中，确实存在像小佳这样被家长掌控的孩子。

当父母意识到控制欲比较强之后，要尽力弥补不足。谁不想给儿女一个美好的人生。

> 在儿子面前，我不是总统，只是父亲。
>
> ——罗斯福

美好的人生与金钱财富无关，但与选择权有关，一个拥有较多的选择权且能掌控自己生活的人生才是最精彩的，所以，请把选择权还给孩子，别让孩子活成你想要的样子，而是让孩子做回自己。

首先，让别人做别人，让自己做自己

当孩子出生时，剪断脐带的那一刻，他就是一个独立的个体，他的人生路怎么走，父母只有建议权，没有选择权，即便他的选择与你的期望背道而驰，你也必须尊重他的选择，因为没有人能够驾驭别人的人生。

曾经看过一期电视节目，说的是毕业于清华大学的一个高才生马先生，去美国深造后，担任了美国南加州大学建筑学院院长，成为建筑界的领军人物。可是他的儿子小马很普通，小马热爱音乐，以歌手的身份选秀出道，为了寻求发展，他决定离开美国，回到中国。

对于小马的这个决定，马先生十分不情愿，甚至偷偷地流过泪，但他始终没有阻止过儿子，相反，他为了儿子试着重新理解这个行业，并尽自己最大的努力去帮助儿子，他认为儿子有想法、有主见，能坚持做自己喜欢的事情，这是值得他骄傲的一件事。

这个爸爸真的很了不起，有多少父母能接受孩子走上一条偏离自己的意愿、前途不确定的道路呢？这让我想起之前很火的一句话：让别人做别人，让自己做自己。这句话值得天下所有的父母共勉。

其次，在规则的范围内享有选择权

任何权利都是有边界的，选择权也是如此，不能给了孩子选择权，就不加以限定，这会让教育陷入被动。

有一位初中生的爸爸说，他 13 岁的儿子每到周末都和同学出去玩，起初他觉得孩子大了，应该给他一定的自由，但是渐渐地儿子回来得越来越晚，有时大半夜才回来。爸爸责备儿子，儿子却说："你不是允许我出去交友吗？为什么还要管我？"

这提醒我们一定要有规则地给予孩子选择权，比如，孩子周末要出去玩，那么，我们就要规定出去的时间，如果超时，就应该剥夺他的自主权利。

第三，人教人难，事教人易

青春期的孩子会比较叛逆，固执己见，有些事情家长可以预见其后果，想说服孩子，可越是这样，孩子越不会听我们的。如果是无伤大雅的事情，不如就顺从他。吃点苦头，也是走向独立的必经过程。

比如，气温下降了，你提醒孩子多穿一件外套，但孩子不以为然，不接受你的建议，此时，不要试图通过争吵，让他改变想法，即便他气呼呼地拿上了外套，出了门也不会穿在身上，任由他去就好了。等到他挨了冻，感冒了，自然就知道自己错了，下次就会关注天气预报或者听从你的建议了。

伍 无论何时，都要当孩子的“超级助力王”

好为人师，是人性的通病，我们在面对成年人时，会收起高高在上的优越感，但是在面对孩子时，就会原形毕露。

孩子两岁的时候，我做过一件蠢事。那天，我和孩子一起玩游戏，把不同形状的积木放进玩具车里，玩具车上有各种形状的孔。在我看来，圆形的积木一定要对准圆形的孔，积木才能顺利通过。

可是孩子在玩这个游戏的时候，硬要把一个五边形的积木放到一个圆形的孔中，我在一旁告诉孩子这样不行，但是孩子没有理我，坚持按照他的方法做，结果五边形的积木竟然顺利地通过了圆孔。

这件事让我意识到在培养孩子独立性的过程中，我们总是在有意无意地干涉孩子，充当着纠错者的角色，而不是一个支持者，这与我们要培养孩子独立性的目标是背道而驰的。有主见，坚持自己的想法，在尝试中摸索经验，哪怕最后失败了，他们独立做事的能力也得到了提高，这何尝不是一件好事呢？

孩子的独立既是一个自然的过程，又是一个需要家长推动的过程。孩子呱呱坠地是生理独立的开始，之后，他摆脱他人的扶持，学会行走，用语言表达自己的思想，欲摆脱父母的束缚，坚持自己的看法和观点，这都是独立的表现。

在通往独立的路上，孩子会遇到困难、挫折，也会逃避现实，胆怯退缩，在这个时候，作为父亲就应该站在孩子的身后，积极地推动他，鼓励他，因为父亲是孩子前进的动力，也是他避风的港湾。

首先，创造一个开放和支持的环境

我儿子小的时候，很调皮，常常脑洞大开，发明创造各种各样的游戏。比如，他会拿皮球做保龄球，然后用矿泉水瓶做球瓶，皮球丢出去之后，客厅一片狼藉，那场景是相当的震撼，满地都是东倒西歪的矿泉水瓶子，并伴随着各种嘈杂声。

儿子的这个游戏着实令我崩溃，但又不忍心阻止他，担心扼杀了他的想象力，打击了他动脑的积极性。于是，我和他约定，只要每次做完这个游戏，他将家里收拾好，我不会干涉。

家庭环境对培养孩子的独立性非常重要，我们应该给他适当的空间和自由，鼓励他去思考，表达自己的观点，从而发展他的独立性。

其次，支持孩子的梦想

2022 年 12 月 11 日，在卡塔尔世界杯上，摩洛哥队淘汰了葡萄牙队，葡萄牙球星克里斯蒂亚诺·罗纳尔多（C 罗）泪洒赛场，他发帖表示“自己为葡萄牙赢得世界杯冠军的梦想结束了”。

C 罗虽然未能带领葡萄牙队赢得世界杯冠军，但是他追求足球梦想的脚步从未停止过，因为他有一个支持他梦想的父亲。C 罗出生在一个贫困家庭，从小就喜欢踢足球，没有足球场地，他就把大街当成球场。

父亲看到儿子如此热爱足球，为了支持他的梦想，将他送去了马德拉国民俱乐部，开启了他的梦想之旅，那一年 C 罗只有 6 岁。七年后，父亲又把他送到了更好的平台——葡萄牙体育俱乐部，最终一步步地成了国际巨星。

每个孩子都应该有自己独立的梦想，父亲要支持孩子的梦想，不要以怀疑、嘲笑、否定的态度对待它。不然，说不定你会扼杀一个未来的科学家、奥运冠军、音乐家。

想把孩子培养得像“别人家孩子”，你先要成为“别人家的爸爸”。

第三，做孩子坚强的后盾

13 岁的小泽数学成绩非常突出，每次考试都名列前茅。有一次，他代表学校参加了县里举行的数学竞赛，老师们都认为他拿一等奖毫无悬念，可是比赛结果却出人意料，他只拿了个三等奖，那些平时比他成绩差很多的孩子都比他考得好。

回到家之后，小泽伤心地哭了，爸爸没有责备他，摸着他的头说道："儿子，失败不要紧，我们分析一下失败的原因，吸取教训，这次失败就有了价值，这比你考第一名更有意义。"

小说《康熙大帝》中有这样一段：康熙问周培公是否有把握打败叛乱的察哈尔王子，周培公回答说："臣愿作常败将军，既然不怕败，那取胜也就手到擒来！"康熙听后放声大笑，派周培公率领大军出征。

孩子从依赖走向独立，既需要成功的喜悦，又离不开失败的磨砺，成功能建立孩子的自信心，失败则锻炼了孩子坚韧的品质。流过泪的眼睛更明亮，滴过血的心灵更坚强。不要怕孩子遭遇失败，当他失败后，父亲的职责是帮他找到不足，让他重拾好"装备"，鼓励他继续前行。

金牌老爸训练营

爸爸也要学会长大

成长是每个人生命中不可或缺且无法替代的过程。学会长大不仅是孩子的事，也是爸爸要学习的事，学会放手，教孩子独立，才是一个心智成熟的好爸爸。

首先，不越界，做一个“有限责任”爸爸

书包乱了？自己搞定！选什么衣服？孩子决定！学习计划怎么安排？孩子自己安排！因为这些都是孩子的事，爸爸只有建议权，没有决定权，不要越俎代庖，当爸爸的责任是有限的，滥用“职权”，害人害己。

其次，必须给孩子树立规矩

无规矩不成方圆，给孩子树立规矩，让他建立起规则意识，是在帮助孩子储备独立的资本。一个懂规矩的孩子，才能与他人友好相处，才能适应社会生活，同时也能更好地保护自己，免受不必要的风险和损失。

最后，为孩子成长助力

孩子成长过程中，难免会有磕磕绊绊，爸爸要做个助力大王，为孩子加油、鼓掌，但任何时候都不要代替孩子去做事，事教人是最快的成长方式之一。

Chapter 04 孩子有担当，将来才能拿捏生活

孩子有担当、有责任感，不仅让孩子更加出色，也让这个家庭有福气。哈佛大学父亲角色研究专家罗斯·派克认为，父亲在培养孩子独立性，如责任、坚强、勇敢等方面具有天然的优势。担当是男人的本分，培养子女成为有责任感、有担当的人，更是为人父不可推卸的责任。

壹 今日你把孩子宠上天，明日他就会变成白眼狼

父母对孩子的爱是基于一定的血缘关系，是父母天生的本能。古语有言：“爱而不教，禽犊之爱。”有些父母常因一味地溺爱，成了和动物做同样事情的人。

我家孩子读一年级的时候，班上有一个调皮的小男孩，上课总说话，扰乱课堂纪律。老师批评多次后，男孩依然屡教不改，于是，老师就让他到教室最后一排站着听课。

男孩的爸爸得知此事后，找到了学校，质问学校领导：“我在家都没动过孩子一个指头，你们老师凭什么就让他罚站？这会给孩子造成多大的心理伤害啊！”

学校为了息事宁人，让老师当着孩子和家长的面道歉，这件事才算结束。这位爸爸很得意，他觉得自己帮儿子出气了，常常沾沾自喜地和别人讲这件事，言语中透露出自豪感。

在我看来这是在助纣为虐。孩子做错了事，就应该承担责任，接受惩罚，才能匡正他们的行为。中国自古就有“惯子如杀子”的箴言，现实中溺爱酿苦果的例子比比皆是。

我曾在新闻中看到某法院发布的未成年人十大典型案例，其中有一个案件给我留下了深刻的印象：男孩从小娇生惯养，父母对孩子的要求有求必应，使得他变得张扬跋扈，到处惹是生非。初中辍学后，男孩开始在社会上游荡，常常夜不归宿，向父母要钱被拒绝后，就对父母大打出手。

有一天，男孩又与父亲发生了争执，当天夜里，他拿着水果刀先后刺向了熟睡中的父母，导致父亲当场死亡，母亲轻伤，最终这个男孩被判了15年。

“子不教，父之过”，作为父亲，要自查是否有以下行为，这些都是溺爱孩子的表现，有则改之，无则加勉。

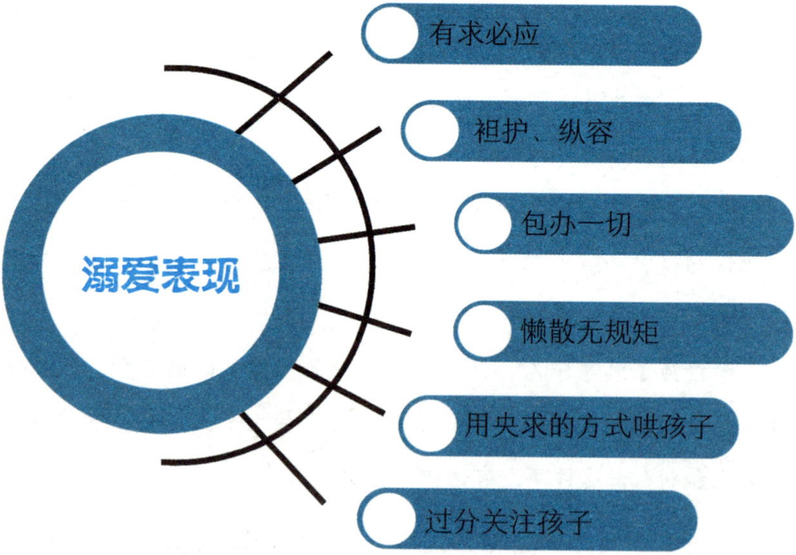

教育家马卡连柯说过：“一切都让给孩子，为了他牺牲一切，甚至牺牲自己的幸福。这是父母送给孩子的最可怕的礼物了。”

孩子该走的路，父母千万别替他走，不然最后都会变成他的坑。让孩子吃点苦头，磨炼一下他，从长远来看绝对是好事。

董建华是香港特别行政区首任行政长官，他的成功离不开父亲董浩云的教育。董浩云是香港屈指可数的大富翁之一，有“世界级船王”之称，但他对董建华的教育非常严苛。

董建华曾经在利物浦大学学习，当时有不少富家子弟在欧美留学，他们生活奢华，攀比成风，但是作为世界级富豪子弟的董建华却不能享受贵族般的生活，而是过着简朴的生活，与普通留学生一样，乘坐公交车或者骑自行车往返校园和住所之间。

董建华大学毕业后，舆论认为董浩云肯定会安排儿子去美国继续深造，或者回到香港掌管董氏集团的“海运王国”，可人们万万没想到，董浩云竟然让儿子去美国通用汽车公司基层当一名普通职员。

董浩云为什么这样做呢？因为他担心儿子的刻苦精神不够，他不想让儿子觉得自己有老爸这个依靠，所以，必须让他主动去找苦吃，以磨炼他的意志，接受生活的挑战。

董建华在美国工作的时候，美国社会掀起一股种族歧视的恶浪，他为了生活和工作更加方便，请求父亲为他办一张“绿卡”，但被父亲严词拒绝了，并批评道：“不管是什么国籍，我们到底还是中国人，个人没有作为，不管是什么国家，都没有人看得起。”

在通用打工的 4 年里，董建华不仅学到了先进的管理经验，还培养了吃苦耐劳的精神，为日后帮助“东方海外”摆脱危机，重振雄风，打下了坚实的基础。

董浩云是一个成功的企业家，更是一个优秀的父亲。如果你也是一个很有财力的父亲，一定要意识到让孩子拥有天生的金钱优越感，并不是好事；应该重视磨难教育，特别是在孩子人格形成的雏形期，适当设置一些障碍，让他受些挫折，少花些钱，多动动手，逐步增强自力更生的意识，是对孩子的真爱，是给予孩子终生受用不尽的精神财富。

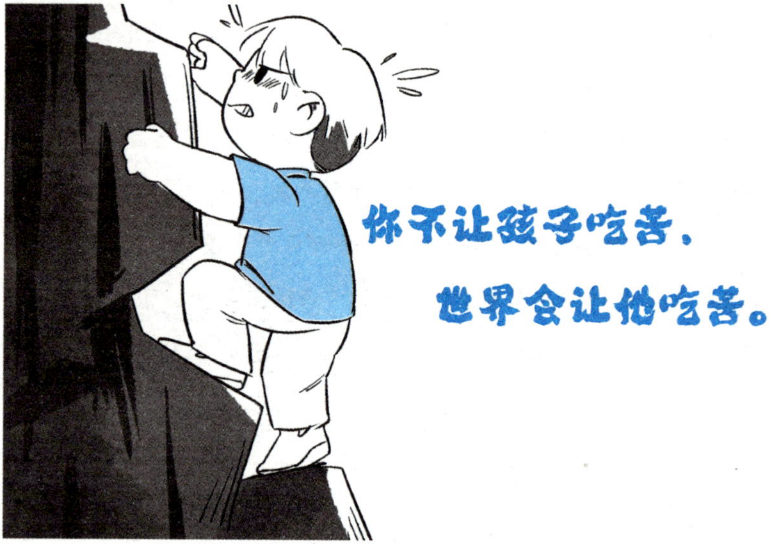

贰 超级老爸也要有菜鸟时刻，偶尔示弱不丢人

在孩子心目中，爸爸是英雄式的人物，孩子们在一起，经常会“炫父”：“我爸爸是机械师，什么都会修。”“我爸爸是老师，什么问题都难不倒他！”“我爸爸是厨师，做的饭最好吃。”……

爸爸，就是那个没有把内裤穿在外面的超人

如果爸爸一直表现得这么完美，孩子就会对爸爸产生依赖，很难学会独立思考以及提高自主决策和解决问题的能力，使他们在成长过程中显得不够独立，不敢积极地面对挑战。

有一位爸爸做了一个有趣的测试，他假装喝醉晕倒，想测试一下6岁女儿的反应，不料这位爸爸在地上躺了大概5分钟，女儿依然无动于衷。孩子有这样的表现，或许是因为在她心目中，爸爸是无所不能的，是超级英雄，怎么会生病晕倒呢？

有一位爸爸就很聪明，从来不在孩子面前当英雄。在一期综艺节目《考不好没关系》中，主考官问了爸爸们一个问题：你希望成为孩子的偶像吗？现场有不少爸爸举起了手。

其中有一个爸爸很有意思，他说自己崇尚的是示弱式教育，儿子是他的偶像。他的儿子才8岁，已经是一名职业赛车手，拿过全国7—12岁年龄组的冠军。这位爸爸解释说，家长示弱，能让孩子有更强的责任心、更高的眼界和境界。

中国人民公安大学李玫瑾教授在参加《圆桌派》时，也提出了类似的观点。她认为孩子12岁后，真正有智慧的家长都懂得示弱，这样才能养出强大的娃。那么，爸爸该如何向孩子示弱呢？

1. 寻求孩子的帮助

我有一个朋友，他每次回家，房门一打开，就朝房间里大喊：“宝贝，我的拖鞋和衣服在哪里啊？”他四岁的女儿一边帮爸爸找衣服和鞋，一边埋怨道：“爸爸，怎么总让我操心？”

朋友装出一副很疲惫的样子，说道：“爸爸上了一天班，好累啊！”他的女儿很心疼地看着爸爸，拉着他赶紧坐下来休息。“谢谢，我的宝贝长大了！”朋友在女儿脸上亲吻了一下，孩子笑得非常开心。

我们向孩子寻求帮助，能让孩子认识到父母有时也是弱者，需要他们的关爱，同时也让他们意识到自己是家庭中的一分子，应该承担起属于他们的那份责任。当孩子看到自己的付出，帮助到了父母，他又能感受到自己的价值和重要性。

2. 展示自己的不足

爸爸可以适当地向孩子展示自己在某些方面的不足，比如，一个男孩轮滑滑得特别好，那么，爸爸就可以向儿子请教：“你是怎么滑得又快又稳的呢？”这可以让孩子感受到爸爸也有能力不足的时候，会激发他们主动学习和帮助他人的意愿。

3. 分享自己的糗事

爸爸可以向孩子分享自己过去不太光彩的事情，告诉他们每个人在成长过程中，都会遇到困难和挫折，这不丢人，丢人的是不敢面对，没有勇气克服它。

丽丽是一个聪慧的女孩，学习成绩一直不错，读初二的时候，她的成绩忽然直线下滑。一天，爸爸无意中看到了男孩子写给丽丽的情书，他意识到女儿早恋了，但他并没有劈头盖脸地训斥女儿。

周末，爸爸带着丽丽看了一场电影《早熟》，看完电影之后，给她讲述了自己读初中时的“恋爱故事”，丽丽对爸爸的良苦用心心知肚明，低着头，向爸爸认错。

爸爸依然没有批评女儿，而是语重心长地说道：“真爱是深爱着对方，彼此承担责任，为幸福的未来努力打拼，你们现在还是羽翼未满的年轻人，你们在现实的世界里，能否经得起考验呢？”

孩子从依赖走向独立，成为一个有责任感的人，是一个不断学习和摸索的过程，在这个过程中，犯错、走偏，都在所难免，这是他们成长的一部分。作为父亲，要学会示弱，甚至撒娇，给他们创造担当的机会，才能让他们成为有担当的人。

叁 跟着眼里有活儿的老爸混，孩子也是家务小能手

在网上看到过一个 80 后的家长吐槽，说自己读书那会儿，开学第一天全校要举行大扫除，从家里拿着扫帚、抹布，到学校打扫卫生，现在儿子开学了，自己还要到学校打扫卫生。

的确如此，现在的孩子大多“肩不能扛、手不能提”，这与家长溺爱孩子，只关注学习成绩有密切的关系。儿子班上有一个小女孩，学习成绩名列前茅，钢琴弹得也很好，但是女孩已经 11 岁了，还不会叠被子，女孩的爸爸说：“我小时候吃过很多苦，现在家里条件好了，就这么一个宝贝女儿，我疼她还来不及，哪里舍得让她做家务？只要她把学习搞好就行了。”

可能很多家长都有这样的想法，但是大家有所不知，不让孩子做家务不仅对培养孩子的独立性不利，还会影响学习成绩。

美国弗吉尼亚大学进行过一项研究，研究人员分析了 9971 名 9 岁左右学龄儿童的学习成绩和做家务的情况，并借助调查问卷评估他们对学习的兴趣与自信心、同龄人的关系、社交活动以及生活满意度，得出了令人颇感意外的结论。

做家务 VS 不做家务

做家务

常做家务的孩子自信心更强，学习成绩更好，在数学、阅读和科学测试中得分更高。

不做家务

不常做家务的孩子对生活不满意的可能性更高，更容易对学习能力缺乏信心，并且与同龄人的关系不佳。

在我国的学校教育中，常以学习文化知识为主，忽视了对生活技能的培养。教育的最终目的是把孩子培养成独立的个体，让他适应生活，能够独自生活，显然只有文化知识是远远不够的。另外，做家务本身就能锻炼孩子的多种能力，对学习有百利而无一害。

有一次，儿子见我做饭，心血来潮，非要露一手，做个番茄炒蛋，而且在做之前信心满满："这还不简单，我手到擒来！"可等到他实际操作起来，才发现手忙脚乱，不知道先做什么，后做什么，丢三落四，鸡蛋快下锅了，才发现油还没有倒，把菜铲出来了，才想起没有放盐。

做一道菜看似简单，实际上会涉及统筹方法、时间管理、预判能力等，能够使孩子得到全方位的锻炼。可惜有太多的孩子因为溺爱，无法获得学习和锻炼的机会。

提及做家务，我们不得不批评一下爸爸们，据《2018年全国时间利用调查公报》显示：居民家务劳动平均时间为1小时26分钟。其中，男性45分钟，女性2小时6分钟，女性比男性多1小时21分钟。由此可见，爸爸不如妈妈勤快。

据英国《每日邮报》报道，加拿大英属哥伦比亚大学研究员艾丽萨·克罗夫特博士及其研究小组完成的一项涉及326名7—13岁儿童的研究发现，爱做家务的父亲会给孩子（特别是女儿）巨大的鼓舞，其女儿长大后更有职业抱负，因为父亲做家务所体现的男女平等意识是使女儿在职场更受益的关键。

所以，为了孩子更优秀，爸爸们一定要勤快起来，以身作则，带着孩子一起做家务。可能有人会说：“我家孩子不爱做家务，怎么办？”

其实，孩子从小就喜欢做家务，只是我们剥夺了他们做家务的权利。一岁多的孩子最“擅长”模仿，他们会学着大人的样子扫地、擦桌子。可家长总觉得孩子还小，做不好，或者担心他们受伤，便制止他们的行为，甚至训斥孩子，“你看看你，不会做非要做”。久而久之，孩子就丧失了做家务的兴趣。

如果你的孩子还小，并且他对做家务十分感兴趣，那么，你一定不要打击他的积极性，此时是培养他承担责任的关键期，应该告诉孩子哪些事情是需要他做的，从而让他明白自己的职责。

如果你的孩子已经十来岁，依然不愿意做家务，那么，你可以尝试对他“凶”一点，比如，孩子不愿意洗碗，你可以对他说：“你不洗碗，就不要吃饭了，世上没有不劳而获的事情。”

什么是责任？责任就是尽管你不喜欢做这件事，但职责所在，必须去做，没有商量的余地。通过做家务，让孩子明白有付出，才能有所得，从而培养孩子的责任感，让他成为一个有担当的人。

让孩子养成做家务的习惯，培养他的责任感，爸爸除了要做好表率之外，还需要有足够的耐心和毅力，水滴石穿、绳锯木断，唯有坚持，才能看到效果。

肆 学习缺乏责任心，鸡飞狗跳是日常

你的孩子是否出现过下列这些行为：

上学时丢三落四，不是忘记带课本，就是忘记带作业；

老师留什么作业记不住，常常需要父母帮忙询问；

书包里乱七八糟，每次找东西都会翻很久；

……

以上这些行为，都是孩子对自己的学习缺乏责任感的体现，把学习变成了家长的责任，尤其是妈妈的责任。

据丁香医生与小猿口算根据平台千万小学生家长行为数据分析发布的《2018 年十大家长辅导作业“后遗症”》显示：辅导小学生家庭作业的主力军是 30—40 岁的妈妈，全国家庭中仅有 10% 的爸爸会主动承担孩子的辅导任务。

然而爸爸应该努力培养孩子的学习责任感，帮助孩子提高学习成绩。

美国耶鲁大学的科学家研究表明：由男性带大的孩子智商高，学习成绩更好，走向社会更容易成功。

哈佛大学父亲角色研究专家罗斯·派克研究发现，父亲在培养孩子独立性，如勇敢、坚强、责任等方面，具有天然的优势。

关于培养孩子学习责任心这件事，大家可以从以下几个方面入手：

1. 放手，但不撒手

孩子写作业，是令家长十分头痛的事情，有的孩子从不主动写作业，需要家长在后面催促，可越是这样，孩子越不愿意写。

试想一下，我们在工作的时候，老板一直在一旁催促，我们会不会产生抵触和不厌烦的心理呢？当孩子感觉写作业是令人不愉快的事情，他就会拖延、磨蹭，孩子越拖延、磨蹭，家长的催促越急迫，从而形成恶性循环。

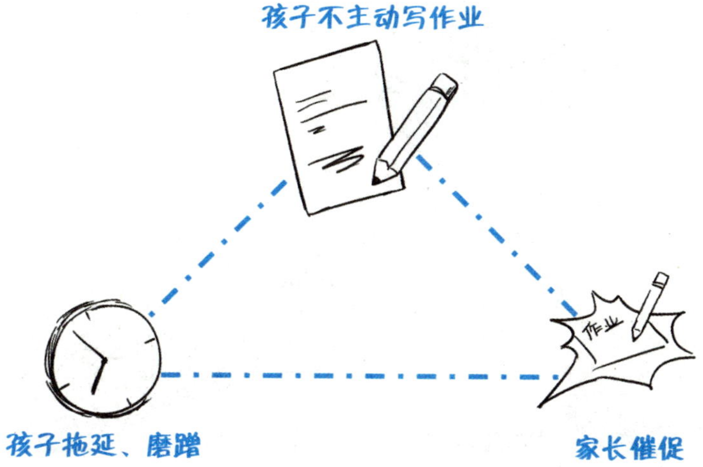

孩子不主动写作业，家长着急、催促，这说明家长已经把学习变成了自己的责任。有人为自己的学习操心，孩子就更不着急了。所以，我们必须让孩子意识到写作业是他自己的责任。

比如，孩子已经躺在床上了，忽然想起还有一项作业没有写，听到这个消息，很多家长都会非常着急，拉起孩子，训斥道："你还不快去写！"最终孩子在训斥和哭声中完成了作业。

爸爸们千万不要这样做，你可以平静地征求孩子的意见："你是现在补上作业，还是明天早晨早起写呢？"这句话的言外之意是：写作业是你的责任，你自己决定什么时候写。

如果孩子认真地完成了作业，要及时给予表扬："我很佩服你，那么晚了，还坚持把作业写完，很有担当。"而不是纠结于孩子少写一项作业这件事。

很多时候，父亲的赞扬会给孩子带来巨大的成就感，让孩子更加自信。

可能有人会说，如果孩子不写呢？那我们可以和老师取得联系，请老师适当地教导孩子，最好选择孩子不愿意面对的方式，让他记住这种不愉快的经历。

总之，对待孩子学习这件事，爸爸们要敢于放手，但不能撒手不管，“放手”是指把学习的责任还给孩子，“不撒手”是指给孩子创造学习氛围，增加孩子学习的责任感。

2. 莫操之过急，循序渐进

“你的字写得像蜘蛛爬一样，太丑了！”“你这次怎么才考80多分？”“这么简单的题目，怎么又做错了？”……

我们都希望孩子优秀，进步得快一些，但这是一个过程，不能操之过急，只要孩子有进步，就应该给予肯定，不要给孩子太大的压力，否则适得其反。

心理学家的研究表明：压力和成绩之间存在一种倒U形关系，即著名的倒U形假说，亦称“贝克尔境界”。即压力过大或过小，都会使效率降低，只有适当的压力，才有利于孩子取得好成绩。

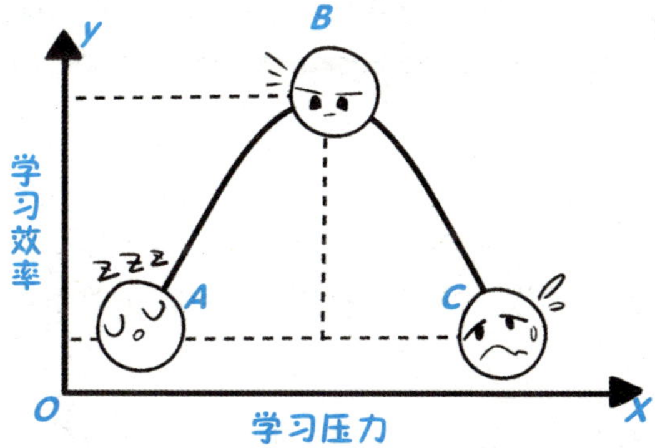

学习上没有压力或压力很小，孩子就会因没有紧张感而缺乏动力；压力太大，超出孩子承受范围时，就会让他失去自信，反而不能发挥正常水平。

有的时候，孩子很努力，成绩却迟迟提高不上去，此时更不能批评孩子，他需要爸爸的帮助，帮助他找出问题，解决问题，为他积蓄继续努力的动力和信心。

培养孩子的学习责任感是一个很具挑战的任务，很考验爸爸的耐心和智慧，在这个过程中，能让孩子收获满满的知识和成长。

伍 孩子总是"老油条"？你对待他犯错的处理方式需"换个调调"

错误是每个孩子成长的必经过程，犯错不代表他不是一个好孩子，只有犯了错误，我们才有机会帮助孩子改正它，使他实现成长。

但是，在孩子犯错之后，我们做出的反应，往往与帮助孩子成长的期望大相径庭。比如，孩子把牛奶洒了一地，一些家长会做出如下两种反应。

第一种反应：

1 **孩子犯错**
弄洒了牛奶

2 **家长批评、指责**
"你怎么搞的，这点事都做不好吗？"

3 **孩子的心理反应**
害怕、内疚、自责、逃避

4 **结果：重蹈覆辙**
孩子下次依然会把牛奶弄洒

家长的这种反应，让孩子被负面情绪包围，他们并不知道如何改正错误，下次还会重蹈覆辙。另外，我们不得不接受一个事实：**孩子犯错后，我们忍不住批评、指责他，或许这并不是我们的本意，只是我们不知道如何帮助孩子成长。**

第二种反应：

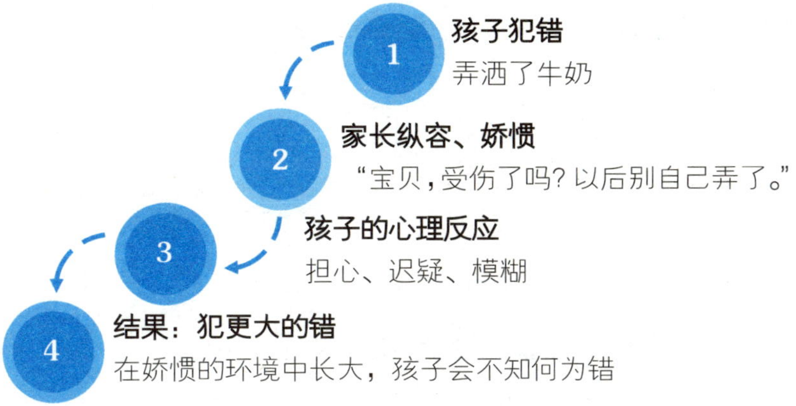

家长的这种反应，会让孩子变成没有担当、逃避责任的人，早晚会惹出大祸。

德国教育学家卡尔·威特说：“因为孩子在做坏事或出现不良思想和行为时，对其所作所为还不能有足够清晰的认识，此时需要有父母将他引向正确的航向。”家长对待孩子犯错误的不同方式，会给孩子带来不一样的影响，那么，怎么做才是正确的方式呢？

第一步：让孩子面对犯错误的感受

孩子把牛奶弄洒之后，我们可以问他：“你现在什么感受？”孩子可能会说他害怕被批评，感到很自责，浪费了这么多牛奶。

让孩子说出自己的感受，并接纳他的情绪，孩子才能平复心情，心平气和地处理他犯的错误。若孩子有强烈的负面情绪，我们说什么，他都很难全面吸收。

第二步：分析错误产生的原因

分析错误产生的原因，才能避免重蹈覆辙，这是引导孩子关键的一步。我们可以问孩子："你觉得你把牛奶弄洒了，是什么原因造成的呢？"

孩子可能会说："我一边看电视，一边喝牛奶，注意力不集中。""那瓶奶不该放在桌角，很容易掉下来。""那瓶奶装得太满了。"

不管是什么原因，只要孩子说得有道理，我们不要反驳，若还有可能是其他原因，我们可以给他补充。

第三步：从错误中成长

找到错误产生的原因，我们要引导孩子总结经验，避免下次再犯同样的错误："你觉得下次如何避免这类错误呢？"

孩子可能会想出很多应对方案，比如："我会专心致志地喝牛奶，不能一心二用。"如果我们也有责任，那么，要勇敢地承担，"下次，我一定记得把牛奶放得靠里边一点"。

第四步：让孩子学会为犯错买单

18 世纪法国教育家卢梭说过："家长不应该对孩子进行过多的指责和抱怨，而是让孩子自己承担错误所造成的结果。让孩子拥有痛苦的体验，才会吸取经验教训，下次才不会犯同样的错误。"

当我们心平气和地和孩子交流，引导孩子发现错误和避免错误之后，他往往对承担责任这件事不会太抗拒，因为我们已经和他一起回忆了这件事的来龙去脉，他知道自己是有责任的。

如果没有前面的三个步骤，我们上来就用命令的语气，对孩子说：“你现在立马把地板擦干净！”他会找个理由和借口，说明自己不该承担这个责任。

现在，我们来总结一下，教会孩子承担责任的步骤，如下图所示：

错误的意义在于可以帮助孩子学习和成长，不管家长采取何种方式应对孩子的错误，若起不到帮助孩子成长的目的，都是错误的方式。

金牌老爸训练营

让孩子扛起自己的责任

担当是一种高贵的品质，能塑造一个人的坚韧、勇敢和责任感，使他们更好地生活。如果你希望孩子将来生活得更好，那么，就一定要趁早培养孩子的责任感。

首先，不溺爱孩子，不做“超级老爸”

俗话说，惯子如杀子，溺爱出逆子。爱孩子无错，但要有度，过了头，就是害。爸爸是孩子的靠山，一直是英雄一样的存在，可是我们别忘了，长在大树下的小树难成材。所以，爸爸有时候也要学会示弱，给孩子留出成长的空间。

其次，培养学习责任感，教会孩子做家务

不谈作业，母慈子孝；一谈作业，鸡飞狗跳。孩子学习上的那点事，让不少家长愁白了头。孩子是学习的主角，他在学习上没有责任感，家长再怎么使劲都是徒劳的，所以培养孩子的学习责任感是关键。

另外，一定要教会孩子做家务，做家务比任何兴趣班都有意义，因为它锻炼的是一种综合能力，不仅有利于提高孩子的学习成绩，还有助于培养孩子的独立性和责任感。

第三，巧妙应对孩子的屡教不改

犯错并非一无是处，人生就是一个不断积累“错题本”，是不

断订正的过程。但是如果孩子屡屡犯同样的错误，被教育过多次，却没有改观，说明我们是时候换一种方式，来对待他的犯错行为了。

不必咆哮，让孩子说出自己犯错的感受，并接纳他的情绪，是良好沟通的开始，然后，帮助孩子分析错误产生的原因，引导孩子总结经验，给出应对方案，避免重蹈覆辙，最后，一定要让孩子为错误买单，因为只有痛苦才会被铭记。

Chapter 05 为孩子撑起“保护伞”，让校园欺凌恶魔无处逃

近年来，校园欺凌频发，屡见报端，已成为一个严重的社会问题，如何保护孩子远离欺凌，尽可能地减少欺凌带来的伤害，给孩子提供硬核的保护，是每一位父亲都必须认真履行的职责，从而用智慧与力量为孩子撑起一片晴朗的天空。

壹 睁大眼睛别错过！这些“暗号”是孩子发出的 SOS

近年来，各种见诸报章的欺凌事件，一次次刺痛公众敏感的神经，一遍遍地突破人们心中的道德底线。

2023 年 3 月 3 日至 4 月 6 日，内蒙古鄂尔多斯一女孩被多名同学以逼迫去酒吧陪酒、下跪、抓头发、抽耳光等方式多次殴打欺凌；

2023 年 9 月，山西大同一名四年级男生在住校的一年半时间内长期遭到同学欺凌欲轻生；

2024 年 3 月 10 日，河北邯郸一名初一男生被长期对他进行欺凌的三名同学杀害，掩埋于废弃的蔬菜大棚内；

2024 年 4 月 23 日，湖南长沙一名初三女生在遭到同班同学的殴打时，捡起地上的玻璃碎片，割了自己的手腕；

……

每一桩校园欺凌事件都让人触目惊心，面对校园欺凌愈演愈烈的趋势，国家出台了相关政策。2017 年 12 月 27 日，教育部、中央综治办、最高人民法院、最高人民检察院、公安部等十一个部门联合印发了《加强中小学生欺凌综合治理方案》。

但相比于外部因素，家长们要想保护好孩子，必须重视家庭教育，在校园欺凌背后常常隐藏着一些原生家庭的“罪过”，那些被欺负的孩子往往生活在一个不幸的家庭中。

电影《少年的你》讲述了一名品学兼优的高三学生陈念与街头小混混刘北山因欺凌改变人生轨迹的故事，而造成这个悲惨结局的不仅是霸凌者，还有他们的父母。

陈念生活在单亲家庭里，母亲欠了一屁股债，家门上常常被贴满各种讨债的大字报，母亲除了给陈念提供生活费，几乎从没有关心过她，所以陈念在遭遇被魏莱等人打骂、拍裸照等恶性事件后，依然没有向妈妈求救，默默地流泪，默默地承受，暗暗告诉自己，“熬过去就好了”。

刘北山更惨，爸爸跑了，妈妈离家出走，因找的男人嫌弃刘北山是拖油瓶，使她更加痛恨刘北山，从13岁开始，刘北山就再也没有见过妈妈，成了事实上的孤儿。

“有妈的孩子像块宝，没妈的孩子像根草。”当父母都把孩子当成草时，他们自然就成了被欺凌的对象。

在孩子遭遇欺凌这件事上，父亲的责任非常重大。心理学家研究发现，缺乏父亲陪伴的孩子长大后存在明显的情感障碍，如自卑、胆小、焦虑、缺乏安全感等，**父亲可以教会孩子独立、坚强、勇敢，相反，如果孩子缺乏这些品质，他们就会表现得胆小懦弱，遇事选择忍气吞声，甚至没有反抗意识。**

最令人痛心的是，有相当一部分孩子在遭遇到校园欺凌后，没有被发现。根据我国校园欺凌研究首席专家张文新教授在 1998 年和 2020 年两次对两万余名中小学生的调查显示：19%—24.3% 的中小学生曾卷入欺凌事件，其中 14.9%—20.4% 的学生遭受他人欺凌，0.7%—2.5% 的学生对他人实施欺凌，1.6%—2.2% 的学生既是欺凌者又遭受他人欺凌。

从这组数据中我们可以看出，校园欺凌波及广泛，家长看不到，欺凌者不承认，被欺凌者不敢说，同学不敢帮。所以，校园欺凌可能远比我们想象的严重。

根据大数据统计分析，校园欺凌的高发期为孩子 11 岁—13 岁时期，即小学高年级和初中，也就是孩子刚刚进入青春期的时候，这个阶段的孩子非常需要父亲的陪伴，因为他们需要强大的力量，来约束和支撑他们的快速成长。父亲要与孩子多沟通，了解孩子在学校的状况以及和同学交往的情况，多观察孩子，如果出现下列情形，就一定要引起高度重视，因为孩子有可能正在遭受校园欺凌。

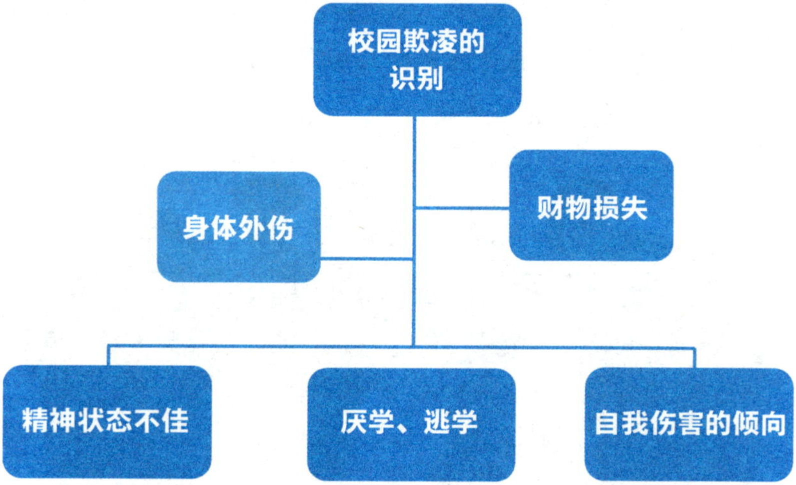

1. 身体外伤

施暴是欺凌者侵犯他人的常见方式，如殴打、脚踢、扇脸、拉扯等，所以，我们可以通过查看孩子的身体是否有外伤，来判断孩子是否遭到了欺凌。

特别要留意被衣服遮盖的隐蔽部分，这些地方不容易被观察到，很容易被忽略。比如，夏天天气很热，可孩子却不肯穿短袖、短裤，而是穿长外套出门，这时就要格外注意了。

2. 财物损失

欺凌者可能会抢夺或故意破坏他人的财物，如果你发现孩子的物品经常丢失或者受损，或者孩子向家里要钱的次数变频繁了，要钱的金额变大了，实际上却没有购买新的物品，没有消费记录，此时就应该当心了。

3. 精神状态不佳

校园欺凌的形式多种多样，除了身体伤害之外，还可能包括侮辱、孤立等精神伤害，那么，被欺凌的孩子就会在情绪上有所表现，比如情绪低落、注意力不集中、经常发呆、学习成绩明显下滑等。

4. 厌学、逃学

孩子忽然不愿意上学，非常抗拒去学校，甚至背着父母偷偷地从学校跑出来，对于这些反常的行为，家长一定要高度重视。

5. 自我伤害的倾向

青春期的孩子心智还不够健全，这使他们受到暴力侵害后，很有可能出现自我伤害或者自虐的倾向，如用刀子划伤自己，或者用烟头烫自己等。

总之，爸爸们，多一些细心，多一些关心，尽早识别校园欺凌的信号，就能让孩子早一点远离伤害。

贰 万一遭到欺凌，请让孩子记住 NOT 原则

弗洛伊德曾说过：**“孩子眼中的父亲是集法律、约束力、威严、权力于一身的超人。”**所以，当孩子遭遇校园欺凌后，他想到的能保护自己的人，很可能就是爸爸。

可是，爸爸不能随时随地陪伴在孩子左右，如果孩子正在遭受欺凌，他该怎么办？当务之急是让孩子学会自救，然后再寻求父母、长辈的帮助，因此，我们要传授给孩子自救的方法。

首先，识别校园欺凌

有些孩子对校园欺凌没有正确的认识，对于他人的欺凌行为，可能会理解为同学之间的玩笑、闹着玩，甚至觉得为了迎合他人，偶尔受委屈是必需的。

在校园欺凌事件中，有一种奇怪的现象，被欺凌的孩子被人起绰号，被指使干这干那，甚至遭到辱骂，可被欺凌的孩子依然会装出很高兴的样子，这是为什么呢？

这是因为每个人都需要安全感和亲密感，早期的安全感和亲密感来自原生家庭，当孩子无法从家庭中获得安全感和亲密感时，

就会想要从外界获取，其中同伴是一个重要的方面，由于他们害怕被抛弃、被孤立，即便被欺凌，他们也愿意接受，甚至把它理解为融入团队必须付出的代价。

因此，我们必须告诉孩子什么是校园欺凌，根据《中华人民共和国未成年人保护法》第一百三十条规定，校园欺凌是指发生在学生之间，一方蓄意或恶意通过肢体、语言及网络等手段实施欺压、侮辱，造成另一方人身伤害、财产损失或精神损害的行为。

2021 年 6 月 1 日，教育部颁布《未成年人学校保护规定》，其中明确了校园欺凌的五种形式：

1

殴打、脚踢、掌掴、抓咬、推撞、拉扯等侵犯他人身体或者恐吓威胁他人

2

以辱骂、讥讽、嘲弄、挖苦、起侮辱性绰号等方式侵犯他人人格尊严

3

抢夺、强拿硬要或者故意毁坏他人财物

4

恶意排斥、孤立他人，影响他人参加学校活动或者社会交往

5

通过网络或者其他信息传播方式捏造事实诽谤他人、散布谣言或者错误信息诋毁他人、恶意传播他人隐私

其次，记住 NOT 原则

明确了什么是校园欺凌之后，我们要告诉孩子在紧急关头如何应对，一定要让他们记住应对校园欺凌的“NOT”原则。

（1）N 代表 NO，表示不要沉默

有些校园欺凌案件中，施暴者非常残暴，对他人辱骂、殴打，甚至逼着别人喝尿，脱衣服拍裸照，其行为令人发指，更令人痛心的是，被欺凌的人不反抗，只会躲闪、哭泣。

殊不知，正是因为被欺凌者的沉默，才让施暴者有恃无恐，变本加厉，如果他们在第一次欺凌他人时，被欺凌者就大声地说 NO，表明自己的态度，施暴者很可能会知难而退，被欺凌者就不会进一步遭到伤害。

（2）O 代表 OFF，表示尽快离开

如果施暴者人数众多，不要硬碰硬，要尽快想办法离开。一方面，尽快让自己冷静下来，保持镇定，尽可能地拖延时间，寻找求助的机会；另一方面，绝不能

跟随施暴者去偏僻的地方，被强制带走后，在经过繁华路段时，要大声向路人求助，或采取异常行为引起周围人的注意，比如，弄倒路边的电动车，或者故意撞行人一下，与对方发生争吵等。

（3）T 代表 TALK，表示及时报告

事后，要将遭遇校园欺凌一事及时告诉家长、老师、司法机关等值得信赖的人，如果有相关证据资料，一定要保存好，这一点非常重要，可以成为日后追责的重要依据。

另外，我们一定要告诉孩子，不要隐瞒被欺凌这件事，被欺凌不是他的错，更要让孩子认识到欺凌有第一次，就会有第二次，及时采取措施，是对自己最好的保护。

恃德者昌，恃力者亡。

——《史记·商君列传》

叁 爸爸的坚定支持，是孩子面对欺凌的无敌盾牌

近年来，校园欺凌事件频发，众多家长开始思考：一旦孩子遭遇了校园欺凌，到底该如何处理呢？

2024 年 5 月，一则“爸爸千里讨公道，守护儿子成长”的新闻登上了热搜，大意是陕西宝鸡一个初中男孩因被同学多次索要烟和钱财而恐惧，萌生了退学的念头，他的父亲知道后，开车赶到了学校，车上拉着横幅，写着“校园欺凌，天理何在”，为儿子讨要公道。

此事登上热搜后，相关部门立马做出回应。我们暂且不说这件事的最终结果是什么，父亲的这一举措，一定会让他的儿子骄傲一生，感激一辈子。

如果孩子遭到了校园欺凌，怎么做才能最大限度地保护好我们的孩子呢？我们可以从下面几个方面去努力。

1. 爸爸要做孩子坚强的后盾

一些恶性欺凌事件发生后，有些被欺凌者的家长会感到困惑：孩子为什么从来没有和我说过他被人欺负啊？

每一个被欺凌而沉默不语的孩子背后，都曾经被父母忽视和伤害过。比起那些欺凌者，父母的冷漠、置之不理、责备更令孩子心痛。

比如，有些家长在孩子被欺负后，常常会选择息事宁人：“同学之间打打闹闹很正常，这点小事没必要找人家家长。”是否真的是孩子之间正常的打闹，不是以父母的判断或者孩子有没有受到外伤作为标准的，而是由孩子来决定，如果给孩子造成了身心伤害，那就是欺凌。

还有一种做法，更令人不解与愤怒，有的孩子明明在外面受了委屈，回到家里，还要被父母责备：“人家怎么不欺负别人，为啥就欺负你？肯定是你招惹了别人。”这种毫无根据的推测，会让孩子对家长失望至极，从此以后不再将自己被欺负的事情讲出来，因为这会受到双重打击。

当然，也有的家长比较硬气，怒斥孩子："他打你，你就给我打回去，不打回去，就不是我儿子！"不要以为这样的鼓动，就能让孩子敢于挥拳保护自己，一个从小缺乏安全感的孩子，他的内心是非常脆弱的，在面对欺凌时，是没有勇气举起拳头的。

校园欺凌不是小事，不是所有孩子都有独立面对的能力，家长一定要和孩子站在一起，做他坚强的后盾，尤其是爸爸，绝不能缺席，因为在孩子心目中，爸爸是超人般的存在，如果爸爸不能为他们打抱不平，他们会变得更加懦弱胆怯。

所以，爸爸一定要成为孩子心中可以依靠的人，当他告诉你自己被欺凌了之后，你应第一时间告诉孩子："别怕，天塌了爸爸顶着！"那一刻，孩子的内心一定是充满力量的，能够驱赶走心中的恐惧、委屈、焦虑。

2. 向学校反映情况或报警

有的家长发现孩子受到欺负后，会第一时间联系欺凌者的家长，这样做并不太适合。因为对方家长不一定了解欺凌这件事的原因和经过，如果他不认为自己的孩子有欺凌行为，或者他明知自家孩子有欺凌行为，却不认为他的孩子是错的，双方的矛盾就进一步激化了。

正确的做法是找学校或报警，由学校和警方来联系欺凌者家长，协调解决这件事。找学校还是报警，取决于事情的严重性。如果孩子第一次遭到欺凌，且身体未受到较大伤害，可以与学校取得联系；如果孩子遭到了多人殴打，身体多处受伤，就应直接报警处理，通过正常的法律途径解决问题，维护孩子的合法权益。

3. 情绪稳定，坚守原则和底线

在处理孩子欺凌问题时，情绪稳定很重要。有的家长看到孩子被欺凌后，火冒三丈，破口大骂，这样的态度会让事情更难解决。心平气和地说出诉求，表明态度，坚守住原则和底线，不怒自威，才是教科书级处理欺凌的方式。

就诉求而言，通常会指向两个方面：一是民事赔偿，如果孩子身体出现不适，应要求欺凌者一方承担医疗费用；二是要求欺凌者公开道歉，这样才能让被欺凌的孩子找回尊严和自信。

可能有的欺凌者家长蛮不讲理，不会满足我们的诉求，我们就和他们讲法，以孩子受到了故意伤害为由，要求警方立案侦查。总之，要坚决维护孩子的合法权益，这是我们给孩子的最大底气。

肆 让孩子成为“惹不起”的人，自带光芒无人欺

爸爸是孩子的靠山，是让孩子远离校园欺凌的关键人物，但是要想让孩子真正强大起来，需要他不断地向内成长，成为“惹不起”的人，这样他走到哪里都不会被人欺负。

那么，怎么才能让孩子成为“惹不起”的人呢？一般来说，“惹不起”的人会具有以下特点：

1. 学业上的佼佼者

相对来说，学霸较少遭受校园欺凌，这是为什么呢？可能有的人会说学霸是老师的心尖尖，谁敢欺负他，就是和老师作对，有了老师做护身符，其他人都得绕着学霸走。

这种说法不无道理，但也并非全对，学霸就相当于社会上的精英人物，同

学对他们有敬畏之心，而且学霸一般都比较自信，这种自带光芒的人，会让欺凌者退避三舍。

2. 体育强者

在《我们为什么被欺凌》一书中，有这样一段话："被虐者儿童身上的气质，似乎是一种烙印，会吸引捕食者。"

那些瘦弱、矮小、肥胖的孩子，往往就具有被虐者的"气质"，成为欺凌者攻击的目标。很少听说有体育生挨欺负，因为这类孩子身体素质好，长得高、身体壮，欺负他们是自不量力、自讨苦吃。

英国媒体《每日星报》曾报道过这样一则新闻：一位来自澳大利亚的健身达人博纳尔·内瓦力因拥有超越人类想象的黄金身材，吸引了众多粉丝的关注，而令人想不到的是，他的健身动力竟源于童年时期遭受的欺凌。

博纳尔小时候非常瘦弱，经常受到同龄孩子的欺负。16 岁那年，他无意中看到了一些健美比赛的视频，便深深地爱上了健身，他觉得只要自己足够强大，就不会有人欺负他，于是，健身改变了他的人生，从一个瘦弱不堪、毫无自信的"豆芽菜"变成了一个强大、自信、能够掌控自身命运的人。

这提醒我们是时候陪孩子一起运动起来了，运动是一种内外兼修的防欺凌的方法："外"指的是身体变得强壮，有力气，会让那些欺凌者心生胆怯；"内"是指通过运动，可以让孩子内心强大起来，变得自信。

这样的孩子对自我价值有清晰的认识，他们在面对欺凌时敢直视对方，大声地说 NO，并给予有力的还击，以保持自己的自信和尊严。

3. 好人缘

在动物世界里，落单是很可怕的事情，随时都可能遇到致命的危险，哪怕是体形庞大的大象，一旦落单，也生死难料。众所周知，大象会随着食物和水源而迁徙，时常要迁徙数百公里，在此过程中，常有狮群尾随，就是准备偷袭落单的大象的，即使大象再强大，也可能抵不住狮群的群起而攻之，悲惨结局可想而知。

或许用这个例子类比校园欺凌有些不合适，但事实就是如此。那些不合群、落单的孩子，他们就像班级中的异类，很容易成为被欺负的对象，因为这些孩子孤立无援，在受到欺凌的时候，不仅没有人站出来支持他们，其他同学还可能成为欺凌者的帮凶，比如，在一旁围观、起哄，对欺凌者起到推波助澜的作用。

所以，我们要让孩子拥有好人缘，帮助他构建小群体，来增加他对抗欺凌的勇气。这需要我们教会他如何与同学相处，平时可以让孩子把自己的朋友请到家里来做客，或者和朋友一起参加户外活动，在相处的过程中，逐步增进友谊。

如此一来，当孩子受到欺凌时，就有人愿意帮助他，要么和他一起反抗欺凌，要么及时通知老师、家长，不至于让孩子陷入孤立无援的地步。

当然，我们在教育孩子不被欺凌的同时，也要教育孩子不能欺凌他人，总之要让孩子牢记一句话：**对弱者不欺负，对强者不惧怕！**

伍 面对欺凌拒绝“和稀泥”，教你“逆袭”应对

孩子遭到了校园欺凌，家长们首先想到的是找老师，找学校，这个程序没有错，但要注意，也有可能未必能得到你想要的结果。

某演员称自己的女儿遭遇了校园欺凌，导致孩子经常做噩梦，半夜哭醒，他曾和学校多次沟通，希望学校能采取措施，校方却告知孩子“这是一种朋友之间的游戏”。

学校这种和稀泥的做法，彻底激怒了某演员，他将此事曝光网络，引起一片哗然，相关部门得知此事后，立即介入。

确实，现实中存在孩子被欺凌后，学校“和稀泥”的做法。其原因可能有以下三点：

- 对欺凌的认知不明确，常把欺凌行为认定为孩子之间的普通打闹
- 担心学校名誉受损，尽量大事化小，小事化了
- 不知道如何处理欺凌事件，特别是欺凌者一方有一定的威望时

如果真的遭遇此种情况，面对学校的“和稀泥”行为，我们既要斗智，又要斗勇。

1. 搜集证据

孩子遭到欺凌后，在安抚孩子情绪的同时，一定要注意搜集

证据，包括欺凌发生的时间、地点、施暴人员，以及相关的音频等证据。如果孩子身体受伤，要及时送医，保留就医记录等。

尽早搜集好证据，以免时间长了，证据丢失，对自己造成不利的影响。

另外，我们要学会充分利用手中的证据，比如，有的学校会把欺凌行为解读为孩子之间的普通打闹，那么，我们可以拿出证据证明此种说法是站不住脚的，当然，家长最好对有关欺凌的法律法规有所了解，这样才能做到有理有据。

2. 报警，申请伤情鉴定

如果学校迟迟不给予答复，或者一直和稀泥，那就报警，走法律途径，申请立案和伤情鉴定。伤情鉴定的作用主要是确定孩子被伤害的程度，进而确定案件的性质，根据法律规定，伤情分为不同的等级，不同的伤情等级对案件的定性也不同。

伤情等级划分

轻微伤

行为人致人轻微伤的，打架案件一般为治安案件。

轻伤

行为人致人轻伤或以上的，构成故意伤害罪，打架案件为刑事案件。

重伤

可构成故意伤害罪，打架案件为刑事案件。

家长通过法律途径解决校园欺凌，比较费时费事，但是任何事情都没有保护孩子安全重要。

3. 借助媒体力量

我们也可以借助媒体的力量，将事情的原委公布于众，但我们要做好心理准备，一旦被媒体曝光，要做好承受压力的准备，因为每个人看问题的角度都不同，有人支持就有人反对，对于那些出言不逊的言辞，我们要有承受的能力，特别是要考虑孩子的承受力。

今后孩子是否还在这所学校读书，如果是，他可能会承受些什么，这些都是我们必须考虑清楚的，千万不要给孩子造成二次伤害。一般来说，事情发展到这一步，最好能给孩子换一所学校，开始新的生活。

成年人的意识与参与，决定着校园欺凌事件的走向。

——丹·奥维尤斯

金牌老爸训练营

面对校园欺凌，必须打出父子组合拳

校园欺凌已经是一个社会问题，我们的孩子或许也会深受其害。作为爸爸，要有防患于未然的能力，提前做好功课，为孩子撑起“保护伞”。

第一，识别校园欺凌，警惕孩子的求救信号

校园欺凌，不是简单地打打闹闹，我们一定要告诉孩子什么是校园欺凌，这不仅包括身体上的伤害，还包括一些心理伤害，比如辱骂、讥讽、恶意排挤、孤立，以及通过网络散布谣言等。

当孩子遭遇校园欺凌后，可能会因为种种原因，向家长隐瞒事实。作为家长，我们要从孩子的言行中，尽早发现端倪，比如，孩子突然厌学、逃学，频繁向家里要钱，身体有不明外伤，甚至做出自我伤害的行为，这很可能是孩子发出的求救信号，家长一定要提高警惕。

第二，孩子自救，爸爸力挺

孩子不在身边，我们不能时刻保护他，一定要教孩子自救的方法：大声地说NO，表明立场；尽快离开，好汉不吃眼前亏；及时报告家长、老师，以绝后患。当我们知道孩子被欺凌后，一定要力挺孩子，和孩子站在一起，找学校说理，控诉欺凌者，理讲不通，就讲法，要求警方立案侦查，绝不能轻易放过那些欺凌者。

另外，我们必须知道一个残酷的事实：欺凌者通常都会找“软柿子”捏，所以，一定要让孩子成为“惹不起”的人：学霸，有老师关照，欺凌者绕着走，无人敢动；体育好，人高马大，人见人怕；人缘好，一呼百应，团结就是力量。这三种孩子，走到哪里，都不会受欺负。

第三，拒绝和稀泥，必须还公道

遭遇校园欺凌，家长义愤填膺，学校却和稀泥，打太极，如果遇到这种情况，要尽快搜集证据，报警，申请伤情鉴定，请媒体曝光，积极采取各种措施。

Chapter 06 即使不是最闪亮的星，也要保持快乐的小心脏

家庭教育的最大成功，不是把孩子培养成出类拔萃的大人物，而是具有快乐幸福能力的人，具备这种能力的孩子，内心蕴藏着强大的力量，即使遭遇黑暗迷茫，他们的内心也永远住着一个太阳，在任何时候都能够驱逐黑暗，带来光明。

壹 做个“开心果”老爸，为孩子播种快乐

望子成龙、望女成凤，是每一位家长的心愿。据《中国生育成本报告 2024 版》显示：全国家庭 0—17 岁孩子的养育成本平均为 53.8 万元；0 岁至大学本科毕业的养育成本平均为约 68 万元。我国养育孩子的成本为人均 GDP 的 6.3 倍，几乎是全球最高的。由此可见，在教育孩子这件事上，中国的家长是不遗余力的。

简单地说，就是希望孩子将来生活得更好。至于什么样的生活才算好呢？每个人都有自己的标准，但有一点是相同的，那就是一定要让自己快乐。有的时候，家长拼命让孩子去追求的东西，到头来不一定能让他感到快乐。

不久前，读了一本书，主要内容是一名女生回忆了自己三年炼狱般的高中生活，其中有几个片段给我留下了深刻的印象：

为了节省时间，学生睡觉的时候都不脱衣服；吃饭从来不用筷子，只用勺子，因为这样吃饭速度更快，可以在三分钟之内完成；上课的时候，抠一下手指，愣一下神，都会算作违纪，被教室内高清摄像头记录下来，点名批评……

经过三年的拼搏，这个女孩考上了一所不错的大学，但是她很快意识到自己与社会脱节了，什么微博、热搜，她完全不知道，电脑除了开机、关机，几乎一无所知；去食堂吃饭的时候，别的女生都很优雅，只有她狼吞虎咽，而且要重新学习用筷子；经常感到莫名地焦虑，比如，买了一大袋子零食，总会忍不住在路上就打开，她觉得专心坐下来吃东西是浪费时间，还会不自觉地跑起来；因为高中三年的不良饮食习惯，让她患上了严重的胃病，经常在半夜疼醒……

这个女生形容自己就像是中了彩票的穷人，一下子拥有了那么多时间，却不知道该干什么，因为她发现自己没有什么特长，也没有什么兴趣爱好。

这位女生的拼搏精神，值得人们敬佩，她的经历也值得人们深思：努力没有错，它可以让人生变得更好，但是如果努力达到了疯狂的程度，让人失去了感知快乐和幸福的能力，这是多么糟糕啊！

对于孩子而言，平安喜乐，健康长大，才是第一等事。著名的青少年心理专家李玫瑾也曾表示，快乐是对孩子最重要的成长因素，哪怕孩子上不了一所好大学，也要让他拥有一个健康快乐的童年。

何为快乐？就是让孩子拥有健康积极的心理环境，而这个前提是孩子要有一个有趣的父亲。钱瑗是钱钟书的女儿，她写过一篇文章叫《爸爸逗我玩儿》，讲述了她童年时期与父亲相处的点点滴滴。

快乐，是人生中最伟大的事！

——高尔基

钱钟书调皮得如顽童一般，他会在女儿睡觉的时候，在女儿的脸上和肚子上作画，给女儿起很多有意思的绰号，如蟹吐沫、蛙凸肚、猪嘬嘴等，来戏弄女儿。最有意思的是，钱钟书喜欢在女儿的被窝里“埋地雷”，玩具、书本、橡皮、梳子等东西都统统可以当成地雷，钱瑗很喜欢“扫雷”，每天玩得乐此不疲。

英国著名文学家哈伯特说过，一个父亲胜过 100 个校长。在钱瑗的印象中，父亲是自己从小玩到大的朋友，在父亲的呵护下，她在无忧无虑中长大，养成了乐观开朗的性格。

“幸运的人，一生都在被童年治愈；不幸的人，一生都在治愈童年。”**童年时期的经历是一个人生命的底色。**人成年后的很多行为，其实都是童年经历的重复，每个人的性格、处事方式都与童年时期的经历息息相关。

所以，纵使父亲对孩子的爱有千种万种，但唯有快乐才是孩子一生幸福的源泉，让孩子拥有一个快乐的童年，他的人生才会幸福。

一个有趣的父亲
会引导孩子以纯真的方式感知世界

贰 赋予孩子快乐的能力，感知生活中的每一份美好

相比于智商、情商，大家可能对“乐商”一词比较陌生，乐商或者叫乐观智力，主要指的是人的乐观水平与能力，它包括三个维度：

乐观程度

○ 主要包括人的快乐水平等，即一个人是乐观主义者还是悲观主义者

摆脱消极事件或消极影响，并从中获取积极成分的能力

○ 乐商高的人一般能快速摆脱各种消极心理

影响他人变乐观的能力

○ 乐观具有传染性的特点，高乐商的人传染性更强

家长“望子成龙、望女成凤”的美好愿望可以理解，但是大多数孩子都只是普通人，所以，**教会孩子做一个幸福乐观的普通人，才是最接地气、最实用的教育。**孩子虽然成不了惊天动地的

大人物，但是让他们快乐地度过一生，这又何尝不是成功呢？因此，乐商教育势在必行。

首先，乐商高可以提高生活的幸福度

教育心理学家加德纳研究发现，快乐的人更倾向于在日常生活中体验到事件积极的一面，他们常常面带笑容，行为举止表现得更加愉快。所以，那些乐商高的孩子会更乐观，更容易体验到什么是幸福，无论生活还是学习，他们的满意度都更好。

其次，乐商高的人更容易取得成功

研究发现，在聪慧的学生当中，那些容易感受到快乐并为美好生活努力付出的学生，将来更有可能取得事业上的成功。因为乐商高的人通常有好人缘，人脉较广，能够获得更多的支持，从而更容易实现自己的理想。

人生不如意之事十之八九，挫折与挑战常与我们如影随形，高乐商可以帮助孩子克服困难，获得成长的能量。如果你希望孩子成为一个高乐商的人，那么，一定要多给予他父爱。具体来说，主要应做好以下两点：

1. 给予孩子无条件的爱

父母给予孩子无条件的爱，这是快乐成人最重要的童年根源。众所周知，在三岁之前，妈妈的陪伴是孩子获得安全感的重要来源，但这并不意味着爸爸不重要，可以缺席。

BBC 拍摄的纪录片《父亲的生物学意义》中，人们做了一个有趣的实验，当宝宝还在妈妈肚子里的时候，如果妈妈轻轻呼唤宝宝，通过检测可以发现宝宝的心跳会加快。神奇的是，爸爸呼

唤宝宝后，宝宝的心跳会更快。

当宝宝因饿了、困了、身体不舒服等原因哭闹时，爸爸要及时给予孩子回应，必要时抱起来安抚孩子。现在有一种育儿观念认为当孩子哭闹时，不要立马回应或者抱起孩子，不然以后孩子很黏人。其实，这种说法是站不住脚的，及时回应、安抚孩子，让孩子感知到他是被爱、被关注的，是帮助他建立安全感的一个重要环节，一个连安全感都无法获得的孩子，快乐又从何处获得呢？

孩子长大的过程，会伴随很多烦恼，比如，在学校被老师批评，与同学发生矛盾，青春期的孩子对身体变化产生困惑等，这时爸爸要做一个倾听者，很多时候孩子并不需要我们帮助他们解决实际问题，只是想找个值得信赖的人，听他们诉说心中的不快。

这些都是给予孩子无条件的爱的表现，作为父亲，一定要为孩子撑起一片爱的天空，让他在爱的呵护下，无忧无虑地成长。

2. 让孩子获得价值感

三岁以后，孩子从共生关系中走出来，开始探索外面的世界，父亲则是他们第一个接触的“外人”，由于自我意识的发展，他们渴望获得他人的认可，于是，多数孩子都会问爸爸这样的问题：“你觉得我棒吗？”“你觉得我穿这件衣服好看吗？”“我是一个乖孩子吗？”

孩子希望从父亲的认可中获得价值感，而价值感是帮助孩子获得快乐的持久动力，作为父亲，除了要学会肯定和赞美孩子外，还应该引导他们主动去获得价值感。

有一位爸爸，给孩子准备了几个蚕宝宝，每天“逼”着孩子去喂蚕宝宝。起初孩子并不十分感兴趣，但是当他发现蚕宝宝在他的照料下，一点点变得白白胖胖时，他非常高兴。因为通过他的努力，让蚕宝宝发生了“巨变”，在蚕宝宝的身上，他感受到了自己的价值。

在生活中，孩子可以获得价值感的途径有很多，比如，学会一项运动或一项技能，克服了一个心理障碍，通过努力取得了进步等，都能让孩子感受到自己是有价值的。

当下的父母，面对孩子的未来经常有诸多的焦虑，但所有焦虑都指向了一点——担心孩子将来不够快乐和幸福，而拥有快乐与幸福，往往与物质生活无关，现在的孩子生活条件比之前好很多，但他们依然有各种各样的不快乐，而把孩子培养成幸福、快乐的人，才是教育的最终目的。

叁 让孩子拥有热爱一生的爱好，点亮心灵深处的光芒

不管一个人多么积极向上，都可能偶尔出现萎靡不振、躺平摆烂的时候，孩子也是如此。现在的孩子承受着较大的学习压力，长时间绷着一根弦，很容易断掉，彻底对学习失去兴趣。怎样调节才能让孩子从不良情绪中走出来，重拾信心与快乐呢？能带来成就感的兴趣爱好是最佳良药。

英国首相丘吉尔曾经说过：要获得真正幸福平安的心境，一个人至少应有两三种实实在在的爱好。一个人在任何一个方面获得了成就感、自尊、自信，都能提高整体的自尊、自信的水平。

大家可能都有类似这样的体验，今天在工作中遇到了不顺心的事，精神状态很差，如果你喜欢打羽毛球，到羽毛球馆酣畅淋漓地打上几局，在挥拍、跳跃、扣杀的过程中，你的沮丧、失败也会随之烟消云散，重新找回自信和力量。

所以，培养孩子的兴趣爱好，并让孩子持之以恒地坚持下去，是父亲的一项重要职责。达·芬奇是文艺复兴时期杰出的艺术家，爱好广泛，不仅在绘画和设计方面有着极高的天赋，在科学、音乐、雕塑等领域，也取得了不凡的成就，而这一切与他的父亲皮耶罗

密不可分，皮耶罗培养孩子的信条是：给孩子最大的自由，让孩子发展自己的兴趣。

读小学的达·芬奇，有一天从学校回来，拿回一幅关于老师的速写给父亲看，这是他在老师讲课的时候偷偷画的。父亲不仅没有批评儿子上课不听讲的行为，还夸奖他画得很好。皮耶罗认为儿子在绘画方面有一定的天赋，决定培养他这方面的才华。

有了父亲的支持，达·芬奇全身心地投入到绘画中，乐此不疲。有一次，他花了一个月的时间，在盾牌上面画了一个双眼冒火、鼻孔生烟的恐怖女妖头，在向父亲展示自己的作品之前，他关上了窗户，透过窗帘的缝隙，让一缕光线正好照在女妖头上。父亲进来后，被恐怖的女妖头吓得差点跳了起来，达·芬奇却兴奋地哈哈大笑，然后津津有味地讲解自己的创作心得，父亲听完他的讲述，并没有责备他。

为了支持儿子学绘画，皮耶罗把达·芬奇送到画家维罗奇奥那里，在名师的指导下，最终，达·芬奇成了一名大画家。

《哈佛大学推荐的20个快乐习惯》中的第一个快乐习惯，就是做自己最感兴趣的事情，比尔·盖茨也曾经说过：“在你最感兴趣的事物上，隐藏着你的人生秘密。”如果一个人能有幸在自己擅长的领域做自己喜欢做的事情，那么，他获得成功的可能性会很大，并且兴趣会带给他前进的能量，让他找到平淡生活中的快乐与满足感，让他的人生因为兴趣而变得多姿多彩。

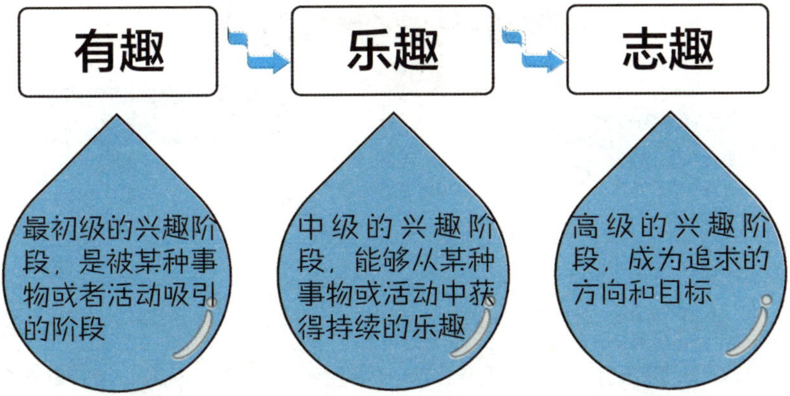

兴趣是人们力求认识某种事物和从事某项活动的意识倾向，是一种内在的动力。兴趣的发展一般会经历三个阶段：有趣、乐趣和志趣。我们在培养孩子兴趣的时候，也要按照以下三步循序渐进地推进。

第一步：发现孩子的兴趣点

我们要留心观察，如果你发现孩子在做某件事情时非常投入，甚至如痴如醉，说明他对这件事非常感兴趣。

但仅仅感兴趣还不够，因为孩子喜欢做的事情可能有很多，不一定都能发展成为他的兴趣爱好，还必须擅长做。比如钢琴家傅聪很小的时候就表现出了超人的音乐天赋，学琴仅几个月，就能背对钢琴听出每个琴键的绝对音高。

除此之外，成就感和满足感也十分重要，这是帮助他从兴趣爱好中获得快乐与幸福的关键。有些孩子不喜欢跳舞，却被家长逼着去学习舞蹈，尽管他跳得很好，但是他无法从中获得快乐，因为舞蹈没有给他带来成就感和满足感。

第二步，让孩子感受到兴趣的乐趣

孩子有很重的学习任务，在成长过程中，也会遇到很多小烦恼，兴趣爱好可以帮助他们释放压力，缓解学习紧张与焦虑。当然，孩子自己可能意识不到这一点，这就需要家长去引导。

我认识一位父亲，他和儿子都酷爱游泳，孩子上高中后，由于学习紧张，很少见他们去游泳馆，但是只要孩子在学习上或者生活上遇到不开心的事情了，他一定会拉上孩子去游泳。

男孩说，自己跳入泳池的那一刻，好像那些不愉快就慢慢地融化在水里了。等到筋疲力尽上岸后，他整个人都是轻松的，心里的压力一下子就没有了，就像快乐复活了一般。

第三步，让兴趣成为奋斗目标

如果将来孩子能将兴趣爱好与职业追求统一，那一定是人生赢家。不过，现实生活中，有很多人做着与自己的兴趣爱好无关的工作，虽然很多兴趣爱好不足以成为谋生的手段，但它可以点缀生活，丰富人生，它就像给生活加了一块糖。

总之，不管怎样，让孩子拥有能让他感到快乐的兴趣爱好，是非常值得的。

肆 想让孩子幸福满满，就当个 60 分老爸吧

为什么有的人总感觉自己不快乐、不幸福？或许有人认为自己拥有得不够多，那么，你认为一位中了千万大乐透的幸运儿，与一位在事故中失去双腿的残障人士，他们谁会更幸福更快乐呢？可能很多人都认为是前者。

一个叫菲利普·布里克曼的心理学家对 22 位“大乐透”得主以及 29 位因事故残疾的受害者进行了研究，得出了一个让人意想不到的答案：中大奖的人并没有比普通人更加幸福，而经历过不幸的残障人士也没有比普通人不幸多少。

一个人快乐幸福与否，与拥有和得到没有太大的关系，而与过高的自我期望有关，当你误判了自己的水平，从而对自己产生了过高期待，不断地苛求自己时，便埋下了痛苦的种子。

苛求，是一种习惯性的行为。大多数人从小接受的教育是：只要努力，你就能成功。很少有人告诉我们有些事情是争取不来的，也没有人教会我们如何面对失败。家庭教育是具有家族传承性的，所以，我们也会苛求孩子，要求孩子完美。

有一次，我去学校接孩子放学，有一个女孩挥舞着手中的卷子，兴高采烈地对妈妈说："妈妈，我考了98分，最高分99分。"

女孩的妈妈连试卷都没有看一眼，就批评道："你为什么和别人差一分，第一为什么不是你？"女孩脸上的笑容立马僵住了，不再说话，眼泪绕着眼圈转，那一刻她的内心一定很委屈。

鸡蛋里挑骨头、吹毛求疵，是很多家长都会犯的错误，而孩子最擅长有样学样，也会成为一个十分挑剔的人，为难自己，也刁难别人。生活中遇到一点不顺心的事，就好像天要塌下来一般，愁眉苦脸，唉声叹气，萎靡不振。看不惯别人的言行，总拿自己的那套标准来衡量他人，折磨自己……这样的孩子怎么会快乐呢？

时下流行这样一句话：孩子有病，家长吃药。意思是说，孩子身上出现的很多问题，其根源都在家长身上，应该纠正的除了孩子的行为，更有家长的教育理念。

叶至善是著名教育学家叶圣陶的长子，曾担任中国少年儿童出版社第一任社长兼总编辑、中国青年出版社副社长，可是你能想到这么一个优秀的人，在读书期间也曾有过四次留级的经历吗？教育学家的孩子考试却不及格，需要留级，这是多么不光彩的事情啊！可叶圣陶没有责备儿子，他是怎么做的呢？

经历了小学的三次留级，叶至善磕磕绊绊地进入了一所省立中学，这所中学以学风严谨而著称。入学一年，他又因为四门功课不及格要留级，叶至善很难过，伤心地大哭，母亲十分关心儿子的成绩，看到成绩报告单后，不免要训斥他。

可父亲叶圣陶从来不批评孩子，他不太看重成绩，认为不能单凭考试衡量学生成绩的好坏，他很了解儿子，认为儿子不擅长死记硬背，所以导致有些科目成绩不理想，而且他认为儿子的语言表达能力不错，涉猎广泛，他安慰儿子说："不要哭，不要背上思想包袱，不行就换一所学校。"

后来，叶至善转到了一所私立学校，宽松的学习氛围，让他不再紧张焦虑，开始对学习产生兴趣，他花了大量的精力阅读课外书，在父亲的指引和鼓励下，最终叶至善成了著名的作家。

不苛求孩子，接受孩子真实的水平，也许他考得并不如你期待的那么理想，但只要他足够努力，我们就应该肯定他、鼓励他。退一步讲，即便他读书真的很糟糕，那又怎么样呢？

他只是读书不好，又不是人品不好。不是有那么一句话吗？天赋过人就"上交"国家，资质平庸就承欢膝下。

如果你已经习惯苛求孩子，那么，不如问问自己是否事事做到了完美，换成你是孩子，或许你并不如他做得好。

一个综艺节目《考不好没关系》，就是让小学生的家长来当考生，做小学生的试卷，结果不少家长的考分非常低，甚至会把非常简单的题目都做错。

想一想，当孩子考不好时，我们是如何批评他的呢？对孩子多一些同理心吧，下一次，他再犯错误，你想批评他时，就站在孩子的角度去考虑问题，**当我们扮成一个你可能要批评的人时，我们就会变得友善一些，对孩子的苛求和挑剔就会少一些。**

在不苛求孩子的同时，我们也要学会放过自己，不苛求自己做一个 100 分的爸爸，只要及格就好，因为养育孩子的过程，也是我们内在小孩成长的过程，我们儿时的体验也会在与孩子的互动过程中得以还原，调整纠正自己，去疗愈儿时的创伤，才能让我们的孩子快乐健康地成长。

伍 心怀感恩的孩子，会把平淡的日子过成诗

《鲁滨逊漂流记》中有句名言：**“我们老是感到缺少什么东西而不满足，是因为我们对已经得到的东西缺少感激之情。”**如果一个人不懂得感恩，他会怎么样呢？

美国心理学家马斯特经过长达20年的相关跟踪调查后，指出如果孩子从小就学会感恩，那么，他的睡眠情况、心理状态和整体发育水平等，都会比从不感恩的同龄人更好，较少出现抑郁、焦虑等不良心理，也很少参与打架斗殴等暴力行为，他的人缘很好，有很多朋友，成年后婚姻会更幸福、稳定，对生活满足感更长久。

无独有偶，积极心理学创始人马丁·塞利格曼认为练习感恩，是持续提升幸福感的一种方式，它能抵御抑郁、焦虑等不良情绪。

为什么感恩会与幸福、快乐息息相关呢？因为一个懂得感恩的人，会关注生活中发生的好事，会看到事物积极的一面，会珍惜所拥有的一切，能够认识到自己的优势，并悦纳自己。

不是有那么一句话吗？我们在遇到没有双足的人之前，一直为自己没有鞋而感到不幸。所以，珍惜拥有，感受当下的幸福，

懂得感恩，人才能活得乐观豁达。

但是，现在一些孩子都上大学了，回到家里，什么都不做，房间乱糟糟的也不知道收拾，父母每天累死累活，他都不搭把手，于是，就有许多父母抱怨孩子不懂事，不知道心疼人，不知道感恩，云云。

可是，我们是否想过，孩子之所以这样，是因为他们从小就被父母剥夺了感恩的能力。

孩子每次想做家务的时候，我们会说："不用你管，你只要好好读书，就是对我们最好的报答。"

孩子想用零花钱给爸爸买一份生日礼物，我们会说："花那冤枉钱干啥，留着钱以后供你读大学用。"

孩子考试没考好，我们批评孩子道："我们这么辛苦为啥，还不都是为了你！"

……

我们这样说的本意是让孩子明白我们的付出，让他懂得感恩。我小时候也接受过这样的感恩教育，那时候家里条件不好，爸爸希望我能努力读书，将来有出息，改变家里的贫穷状况，他常常对我说："只要你好好读书，就算我砸锅卖铁也会供你读。"

所以，我会让自己努力一些再努力一些，为的是报答父母，如果我哪一天偷懒了，没有好好读书，心里就会感到很内疚，觉得对不起父母的辛苦付出。现在回想起来，其实这就是心理学上讲的内疚感控制，当然这不是父母故意要惩罚孩子，而是无心之过。

在内疚感控制下成长的孩子，会经常性地去做取悦或报答父母的事情，而不是原本他想要做的事情。以我自己为例，我会因为内疚去学习，把取得好成绩作为对父母的感恩。

孩子小的时候，家长不让他们做任何事情，剥夺了他们在劳动中学习感恩的机会，使他们没有机会体验劳动的辛苦，那么，孩子长大了，怎么会体谅父母的辛苦呢？他们能知道的唯一的感恩形式就是好好学习，考上名牌大学，光宗耀祖，一旦这个任务完成了，感恩行为也就到此结束了，他们甚至还会抱怨父母："我都实现了你们的目标，你们为什么对我还有那么多的不满呢？"

生活是最好的教育课之一，让孩子亲身体验劳动的辛苦，生活的不易，他们才会产生同理心，才懂得感恩，即便是粗茶淡饭，也能品味幸福的味道。

幸福存在于生活，生活存在于劳动。

——列夫·托尔斯泰

霍启刚、郭晶晶这对豪门夫妇，就是深谙教育之道的父母，他们曾带着儿子一起下田插秧，霍启刚在个人社交微博中写道：

“……跟老婆孩子一起去香港二澳村，体验插秧，领悟农民伯伯的辛苦。现在的孩子们成长在幸福的时代，没饿过肚子，挑食和浪费变成了习惯，他们更需要知道食物从哪儿来，学会珍惜，学会知足……”

内心的愉悦是幸福的底色，孩子常怀感恩之心，平凡的日子，也会泛着光，所遇才能皆美好。

金牌老爸训练营

让快乐生根发芽，生活便会洋溢光彩

望子成龙，望女成凤，这是父母对孩子的美好期盼，同时我们也要允许孩子是普通人，但这并不妨碍他拥有快乐的一生。

第一，快乐需要“播种”

家里有一个开心果爸爸，会让家里充满欢声笑语，孩子在耳濡目染下，也会拥有快乐的潜质，童年时期“播种”的快乐种子，会在未来长成参天大树，成就孩子一生的快乐。

那些会制造快乐的爸爸，从不苛求自己做一个100分爸爸，他们把对自己的态度投射到孩子身上，不对孩子吹毛求疵，总能看到孩子身上的闪光点，认可孩子，从而使孩子获得自我价值感，快乐便会爆棚。

第二，培养兴趣爱好调味人生

人生很漫长，有时会有些乏味，让孩子拥有一生热爱的兴趣爱好，可以给平淡的日子加点料。那么，怎么才能挖掘出孩子的兴趣爱好呢？

有兴趣的、擅长的、能获得满足感和成就感的事情才能称得上兴趣爱好，被家长逼着进兴趣班的孩子未必真的喜欢弹钢琴、跳舞，那很可能是家长的一厢情愿，所以，爸爸们一定不要误解了兴趣爱好的真正含义。

第三辑

格局

——父亲的眼界是丈量孩子未来的一把尺

Chapter 07 丰富孩子的阅历，才是真正的酷炫操作

阅历是孩子成长过程中收获的宝贵财富，它能让孩子了解更广阔的世界，在面对挑战时，具备解决问题的能力，培养坚韧、乐观等良好品质。所以，一个有远见的爸爸会让孩子读万卷书行万里路，接受社会实践的历练，并保护好他的好奇心，让他永远抱有对未知世界的渴望。

壹 那些有远见的老爸，都会培养孩子的“历史感”

读书是成长的必经之路，让孩子坚持阅读，可以让他们看到更广阔的世界。然而，书籍犹如庞大的宝藏，种类繁多，令人眼花缭乱，该如何选择呢？

唐太宗说过，“以史为镜，可以知兴替；以人为镜，可以明得失”。华夏五千年文明，蕴含了无数的智慧与经验，就像一位智者，与之对话，可以让我们认识过去，把握当下，展望未来。

你会发现，那些从小读历史的孩子，会从内到外透露出一股腹有诗书气自华的气质，他们的谈吐、思维、眼界，远超同龄人。所以，那些有远见、有格局的家庭都非常重视史书的阅读。

明代皇帝非常重视皇子的教育，尤其是太子。太子经过初级启蒙之后，就要到文华殿开始接受正规的学习，称为太子出阁讲学，主要学习四书五经、《资治通鉴》和《贞观政要》以及各朝史书等典籍，可见“欲知大道，必先为史”。

近代思想家梁启超谈及育子经验时，曾说道：“读名人传记，最能激发人志气，且于应事接物之智慧增长不少，古人所以贵读史者以此。”梁启超一共有九个子女，号称“一门三院士，九子皆才俊”，他的孩子都非常有出息，这或许就与他从小让孩子读史有一定的关系。

如果你留意过那些学霸，你会发现他们大多也喜欢读历史。比如，2018 年高考北京文科最高分曹婧怡，从小就对历史典故感兴趣，酷爱各种历史漫画书籍，对阅读历史达到了痴迷的地步，她认为历史不仅开阔了她的视野，对学习成绩的提升也大有帮助。无独有偶，2004 年高考山东省理科最高分王端鹏、2019 年高考黑龙江文科最高分张子昂，他们都是“历史迷”。

井蛙不可以语于海，夏虫不可以语于冰。眼界决定了孩子未来发展的高度，而历史是开阔眼界的一扇窗。

历史是一面镜子，也是开启未来的大门。

作为父亲一定要意识到让孩子读历史是非常正确的教育决策，通过一些具体的方法，来引导孩子阅读历史书籍。

1. 让历史走进生活

要让孩子喜欢上历史，首先就要让孩子感觉到历史就在身边，比如，和孩子讨论数学题的时候，可以讲一讲筹算，说一说祖冲之的故事；和孩子讨论服饰的时候，讲一讲我国服饰的演变过程；吃饭的时候，和孩子讲一讲食物的起源，比如，黄瓜最初是如何流入我国。

让孩子感觉到历史不是那么遥远，而是触手可及，会提高对历史学习的兴趣。

2. 让历史变得有趣

很多孩子不喜欢历史，是因为他们觉得历史太枯燥。我们不妨从有趣的历史故事入手，如给孩子讲一讲桃园三结义、韩信点兵、草船借箭、草木皆兵等历史典故，这些充满智慧和勇气的故事，会让他们感受到历史的有趣，激发他们对历史的兴趣。

当然，你还可以陪孩子看历史纪录片，带孩子去参观历史博物馆等，引导他们对历史产生兴趣，一旦对历史有了浓厚的兴趣，他们阅读史书便会如饥似渴。

3. 和孩子一起探讨

每个人对某个历史人物或者历史事件，都可能有不一样的看法，我们可以和孩子一起探讨，分享自己的见解和思考，不仅可以让他们更好地理解历史，还能培养他们的批判性思维能力。

比如，在孩子了解了中国抗日战争史后，我们可以和孩子一起探讨中国抗日战争取得胜利的因素有哪些，14 年艰苦卓绝的抗日历史让我们学到了什么。

总之，**读历史，成大器**。身为父亲，一定要培养孩子阅读历史的习惯。

贰 让孩子踏上旅途，用脚步去描绘世界的广阔与多彩

“读万卷书，行万里路”，如果有机会，父亲一定要带孩子到外面的世界中去，让他们用脚步去丈量世界，因为旅游是一种独特的体验，可以增加孩子对世界的认识和理解，开阔眼界，增长人生阅历。

《少年说》的舞台上有一个初一女孩叫杨语嫣，在她十岁之前，就已经去过 40 多个地方了，读二年级之前，她大部分时间都是在旅行中度过的，她父母的这种做法也曾经被人质疑，认为他们这样做会荒废孩子的学业。其实不然，杨语嫣从来没有停下学习的脚步，她养成了在旅途中记游记、画沿途风景的习惯，这种学习方式虽不如上辅导班那样立竿见影地展现出效果，但一定会厚积薄发。

果不其然，杨语嫣读初中后，惊喜地发现了自己的与众不同：生物课上，她会想起旅途中走过的自然博物馆；历史课上，眼前会浮现秦兵马俑；地理课上，途经吐鲁番盆地和帕米尔高原的场景历历在目……

杨语嫣的父母在谈及旅行给孩子带来的影响时，说道：“我

们在旅行过程中会看到很多的自然风景，也可以看到很多当地的人文，但我更希望杨语嫣学会用不同的视角去看待生活中的困难，也能够用不同的视角去看到更好的自己。”

旅行，对孩子来说，是一种无法代替的成长课堂，可以增长知识，开阔视野，扩大格局，感悟人生，很多你意想不到的收获都尽在旅行中。当然，在亲子旅行中，收获的不仅是孩子，还有我们自己。

2023 年，有一部电影叫《神兜兜和奶爸》，讲述的是浙江缙云籍 90 后“全职爸爸”钭皓倍和年幼的女儿疯狂旅行的故事。钭皓倍带着 4 岁的女儿从缙云出发，仅靠一辆山地自行车和一个小拖车，经广东、广西、云南等地，抵达西藏，行程 4000 多千米，一路上有风景，也有泥泞，但他们都咬牙坚持了下来。谈起旅行的收获，钭皓倍说了这样一句话：“一起见过更大的世界，不太容易感到焦虑。”

在这个教育“内卷”的时代，这对父女之行，无疑是在进行“反内卷”实验，有时我在想：为什么现在的家长和孩子都那么焦虑？

有人说那是因为父母没有给孩子兜底的能力。**何为兜底的能力？不仅指经济能力，更重要的是眼界，眼界决定格局，格局决定高度，高度成就未来。**

当我们困于井底，成了井底之蛙，当然不会知道天无边无际，可以让孩子驰骋的空间是那么的辽阔，所以，才会执迷一条路，不懂得变通，稍有风吹草动，就会紧张焦虑得不知所措。

旅行，不仅可以开阔眼界，还能让我们的身心彻底放松下来，当我们不焦虑了，孩子才能不焦虑。所以，无论是为了孩子，还是为了我们自己，都应该来一场说走就走的旅行。

当然，旅行不是冒险，带孩子出行，做好准备，确保安全，才能让旅行愉快又有意义，如下图所示：

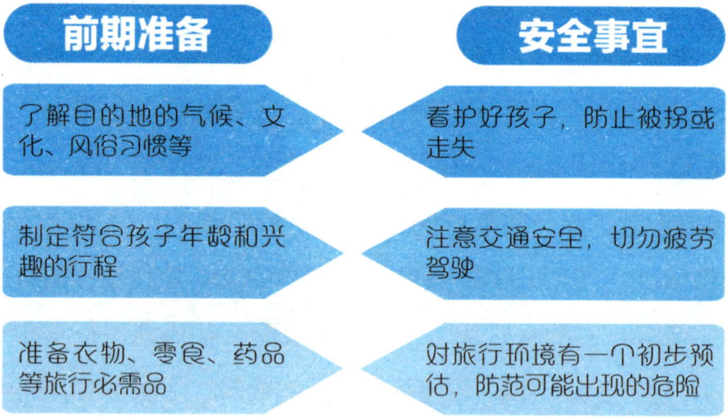

旅行过程中，爸爸除了要陪伴孩子尽情地玩耍，享受旅行的快乐之外，还应该向孩子介绍目的地的文化、历史、民风民俗等知识，激发孩子探索的欲望，让他们爱上旅行，在旅行中享受生活的美好，放松身心，拓宽知识面，开阔视野，让旅行成为孩子成长的最好礼物。

叁 生活是最生动的课堂，社会实践是最好的试炼场

现在的孩子大多是在书本知识中成长起来的，缺少实际生活的体验和常识，对国家、国情、民情、社情知之甚少，而社会的复杂程度，哪里是读几本书，看过几条新闻，就能了解全面的呢？所以，必须让孩子参加社会实践活动。

如果说学校传授知识是孩子的第一课堂，那么，社会实践就是孩子的“第二课堂”，只有将第一课堂与第二课堂相结合，才是真正做到了理论联系实际，社会实践是孩子成长最好的历练。

冉冉是我儿子的初中同学，她的父亲邹先生开了一家财务公司，每到寒暑假的时候，邹先生都会拉上女儿到公司里“上班”，两人的关系也从父女变成了师徒，邹先生会教给冉冉一些财务知识，让孩子掌握基本的操作，带她一起去税务局办业务，有一些简单工作由冉冉独立完成，邹先生则站在一旁做“甩手掌柜”。

冉冉原本是一个比较内向胆小的女孩，对父亲特别依赖，做什么事情，都先征询父亲的意见，自己拿不定主意，有了这段“就职”经历后，冉冉身上发生了很大的变化，做事情不再那么依赖父亲，

喜欢独立完成，偶尔还会帮助父亲跑业务。

邹先生说，当初让女儿参加职业体验，是因为心血来潮，希望女儿不要像个书呆子一样只知道学习，想让孩子得到历练，而女儿的表现和收获完全在他的意料之外。

职业体验是一种非常适合孩子的社会实践活动，它既是一种挑战，也是一次难得的成长机会，把孩子带入真实的职场，不仅让他们能有机会了解相关领域的知识，还能体验到工作的乐趣，感受到工作压力，学习与人相处的技巧，这些都是课堂教育难以实现的。

另外，职业体验可以让孩子对父母多一份理解。曾经在网上看过一段视频，一个读高中的女孩向妈妈要钱换新手机，妈妈没有同意，母女发生了激烈的争吵。女孩的父亲得知此事后，没有批评女儿，而是要女儿和他去单位上班，一起来赚钱买手机，女孩很高兴地答应了下来。然而一天下来，她累得腰都快断了，才赚了不到100元。第二天，女孩没有去“上班”，也没再提买手机的事情。

生活是对孩子最好的教育，好的生活就是好的教育。

——陶行知

社会实践开阔了孩子的视野，使其了解了社会，深入了生活，增加了阅历，对他们的成长来说，是一笔不小的财富，越早积累这笔财富，对孩子未来的发展越有利。所以，作为父亲，一定要多给孩子创造参加社会实践的机会。

1. 适合孩子参加的社会实践活动

可选择的社会实践活动有很多，至于该选择哪一种，应结合孩子的兴趣爱好以及现有的条件来确定，比如，下面的这些实践活动。

社区服务活动

- 如植树种花、捡拾垃圾、环保宣传活动等
- 参与社区敬老院或福利院的志愿服务

职业体验活动

- 参观父母或者亲友的工作场所
- 参与简单的职业任务

文化体验活动

- 参观博物馆、历史遗迹
- 参加传统节日的庆祝活动

公益活动

- 组织或参与公益筹款活动，如募捐、义卖等，帮助有困难的人

2. 给予支持和帮助

孩子在参与社会实践的过程中，父亲应给予足够的支持和帮助，主要表现在以下三个方面：

首先，帮助孩子找到对接的“资源”，比如，孩子想进行职业体验，那么，家长就要帮助孩子寻找可以提供体验的场所，给孩子人脉、经验等方面的支持，才能确保社会实践活动的顺利开展。

其次，教会孩子自我保护，让孩子学会处理社会实践活动过程中可能出现的紧急状况，以及应对措施。比如，在公共场合组织活动，应做好哪些安全措施，防止人身财产受到损失。

最后，在参加社会实践的过程中，可能会出现一些意想不到的状况，这对孩子来说是不小的挑战，他或许会知难而退，此时，家长要及时疏导孩子的情绪，鼓励孩子勇敢面对，但最好不要插手，替孩子去做，做到“动口不动手”就好。

通过社会实践活动，让孩子知道生活不只有诗和远方，还有各种艰辛与苦难，让他们对这个世界有一个客观的认识和了解。

肆 守护好孩子的好奇心，让他抱有对未知世界的向往

爱因斯坦说：“我没有特别的天才，只有强烈的好奇心。”好奇心是人类天生的本能之一，它激发了我们对世界的探索欲望，对孩子来说，好奇心是他们拓宽视野、增长见识的基石。

四川男孩杨哲睿从小就喜欢自然科学，尤其对恐龙感兴趣。读幼儿园大班的时候，他常听外公说老家背后的山石上有很多“鸡脚印”，勾起了他的好奇心，便利用假期，和外公一起上山一探究竟。看到这些“鸡脚印”后，他当场断定这是恐龙足迹，并清楚地说出了恐龙的类别。

后来经过专家初步鉴定，该足迹的确是一只中小型肉食性恐龙留下来的。当时杨哲睿只有五岁，成了国内年龄最小的恐龙发现者。

好奇心就像一把神奇的钥匙，打开了孩子认知这个世界的大门，而且孩子从出生开始，就对这个世界充满了好奇，会对周围的一切事物感兴趣。

比如，一个七八个月大的孩子，无意中发现用筷子敲打碗边，碗会发出清脆的响声，他就会乐此不疲地喜欢上这个游戏，不停

地敲来敲去，甚至会拿着筷子敲打不同的物体，当他发现敲打不同的物体时，会发出不一样的声音时，他会表现得更加兴奋。

遗憾的是，孩子探索的行为，总会被家长当成捣蛋而严厉制止，加上孩子的专注力本来就比较弱，最终导致孩子做每一件事都会浅尝辄止。

好奇心是激发孩子潜能的源泉，是探索世界的引擎，作为父亲一定要保护好孩子的好奇心，让他们对世界抱有兴趣。

1. 好奇心开始于“为什么”

孩子两岁以后，语言能力有了突飞猛进的发展，随着他们说的话越来越多，对这个世界也表现得越来越好奇，脑袋里装着十万个为什么，每天都会有问不完的问题：天空为什么是蓝色的？病毒在哪里，我为什么看不见？蛇没有脚，为什么跑那么快？……

千万不要觉得孩子烦，他能问出这么多稀奇古怪的问题，说明他是一个善于观察、勤于思考的孩子，这是多么宝贵的品质啊！我们要耐心地给孩子解答，引导他思考，进一步激发他的好奇心与求知欲望。

有一天，我带四岁的儿子去公园玩，他被地上的一条小青虫吸引了，蹲下来目不转睛地看，小青虫的身体一缩一伸地向前爬，逗得儿子哈哈大笑。我借机问儿子："小青虫有脚吗？""小青虫是怎么爬的？"

儿子的兴致一下子就提上来了，那天我和儿子在公园玩了一下午，儿子找到了很多虫子，每发现一只，他都会兴奋地大叫，然后让虫子们排队，仔细观察虫子之间的不同。

当孩子对某事或某物表现出好奇时，我们要引导他去观察，但不能只让他用眼去看，还要调动他的多种感官，如视觉、听觉、触觉、嗅觉等，这样做有两个好处：一是使大脑从多方面进行分析综合活动；二是使孩子的兴奋中心能够不断地转移，从而有效克服孩子注意力稳定性不强的问题。

2. 适当满足孩子的冒险行为

孩子年龄小，心智不成熟，在好奇心的驱使下，他们会做出一些危险的行为，比如，玩火。你越是阻止孩子，越会激发他的好奇心和叛逆心理，越会偷摸去做危险的事情。

既然如此，我们不妨允许他们在成人的陪伴下进行操作，比如，燃放烟火，用放大镜点燃火柴等，这既满足了孩子的好奇心，又避免了危险，我们也无须担心他们会在背地里做出危险的事情来。

3. 鼓励孩子大胆地质疑

很多家长都希望孩子乖一点，上课认真听讲，回家认真完成作业，对老师和家长绝对服从，实际上，这样的乖孩子并不是想象中那么好。

> 好奇心是科学之母。
>
> ——范勇

纵观中外历史，只有那些敢于质疑，敢于大胆向权威提出挑战的人，才能成就一番伟业，比如，意大利物理学家伽利略，从小心中就充满了各种各样的疑问，总是问父亲各种各样的问题，因为敢于质疑，敢于挑战权威，才有了比萨斜塔实验，推翻了亚里士多德错误的落体理论。

因此，我们要鼓励孩子去质疑，大胆地提出自己的看法。杭州有一位小学生叫马思齐，她喜欢看《西游记》，反反复复读了很多遍，发现了一件怪事，《西游记》中提到的菜单大多是江淮美食，可唐僧师徒四人是从长安到天竺，走过了那么多的地方，为什么菜单没有变化呢？据此她推断这里面的菜单是吴承恩的家乡菜。

爱因斯坦说过："提出一个问题，往往比解决一个问题更重要。"质疑有利于打破惯有的思维定式，提高孩子的探索能力和独立思考的能力，使其在不断探索的过程中形成积极和独特的思维方式。

此外，因为好奇，孩子还经常搞破坏，比如，拆坏新买的玩具等，对此不要去责备孩子，**孩子的每一个破坏行为中可能都有一个弥足珍贵的想法，值得我们去尊重。**破坏行为是孩子与世界建立链接的一个学习通道，能够让他保持好奇心，对世界充满期待。

金牌老爸训练营

丰富孩子的阅历，让他洞察更广阔的世界

阅历，是智慧的沉淀，教会孩子如何面对复杂多变的世界，在人生道路上走得从容不迫。所以，丰富孩子的阅历，是一种酷炫的操作。

以史为鉴知兴替，有远见的爸爸，从小就会培养孩子的“历史感”，用史书“喂养”孩子，开阔他们的眼界，锻炼他们的思维。

多读书固然重要，但不能死读书，还要多参加社会实践，这是成长最好的历练，有助于孩子了解社会，深入生活，收获成长的财富。

读万卷书，行万里路。旅行是一种独特的体验，可以增加孩子对世界的认识和理解，增长人生阅历，更为重要的是，在这个焦虑的时代，旅行，可以放松身心，让我们和孩子都获得一份安宁，更加清晰、坚定地走自己的路，不被他人裹挟。

这个世界还有很多未知的领域，要呵护好孩子的好奇心，让他们抱有对这个世界的渴望与向往，不断探索，勇敢追求，大胆质疑，让他们的人生更加精彩纷呈。

Chapter 08 厚脸皮的孩子是橡皮球，生活怎么砸都弹得回去

现在的家庭教育常常给孩子灌输“努力上进”“一定要赢”“勇争第一”的理念，却很少教孩子如何面对挫折与失败，使得孩子输不起，玻璃心，遇到挫折就自暴自弃。人的一生不可能万事顺利，总会遇到风风雨雨，培养出一个“厚脸皮”的孩子，经得起摔打，永远向阳而生。

壹 当爸爸不能急，要有静待花开的定力

有一位教育学家曾经说过，家长的心态是孩子成长的晴雨表。家长对待孩子的得失、成败的态度，往往会影响孩子看待自己和看待世界的方式。现在有一些孩子受不了一点挫折，一次小测验没考好，玩游戏输了，竞选班干部落选了，都会让他们的情绪低落很久，为什么这些孩子会输不起呢？

曾经在知乎上看到一个家长提出了这样一个问题：我接受不了孩子考不到第一名，得不了满分怎么办？这位家长说他的孩子从一年级开始每次考试都是第一名，还经常考满分。渐渐地，他对孩子的要求越来越高，孩子考第二名或者达不到满分，他就受不了，忍不住批评孩子。

这个帖子代表了一部分家长的心态，很多时候不是孩子输不起，而是家长输不起，输不起，就会焦虑，就会想方设法地让孩子赢，导致内卷越来越严重，最突出的表现就是超前学习，结果不仅没有让孩子的成绩越来越好，反而让其产生了深深的挫败感，因为违背了孩子的成长规律。

美国著名儿童心理学家格塞尔曾做过一个实验：双生子爬梯。

实验过程，如下图所示：

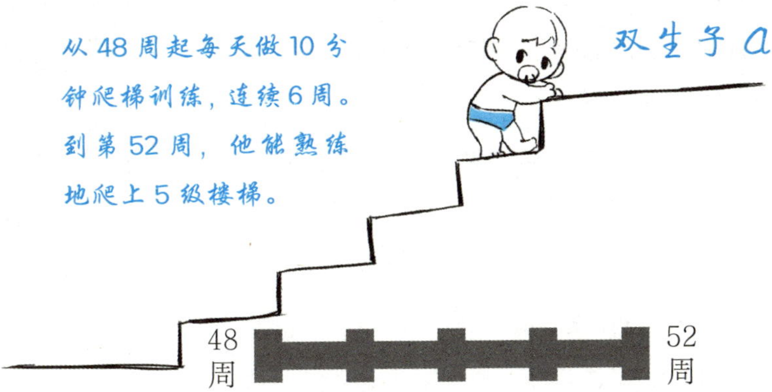

格塞尔认为，支配儿童心理发展的因素有两个：一个是成熟，一个是学习。在两者之中，他更着重于成熟。他认为，儿童心理发展是儿童行为或心理形式在环境影响下按一定顺序出现的过程，这一点可从双生子爬梯实验中得到佐证。

通过这个实验，格塞尔得出这样一个结论：不成熟就无从产生学习，学习只是对成熟起一种促进作用。同时这个实验也表明，儿童的成长是受生理和心理成熟机制制约的，人为地提前训练，只会给儿童的心理、生理造成负担，甚至让孩子产生逆反心理，失去学习兴趣。

比如，孩子 5 岁的时候才适合练习写字，可很多孩子被迫 4 岁就开始，因能力达不到，写起来非常吃力，做得不好，又会被家长批评，会让孩子对学习失去兴趣和信心，导致一些孩子还没有上小学，就已经开始厌学。

孩子的成长和庄稼的生长是一样的，是有时令要求的，揠苗助长，贻害无穷。人生犹如一场马拉松比赛，不是只赢在前 100 米，就能笑到最后。作为父亲，一定要有高瞻远瞩的意识，要为孩子长远的进步与发展着想，孩子如一粒种子，充满了无限的可能，应给他探索世界的机会和尽可能多的自由发展空间。

从长期来看，孩子的成长呈现出必然上升的趋势，但这并不代表没有波动，特别是在某个周期的时候，还有可能出现停滞不前或者下滑。

在我们身边不乏这样的孩子：开窍特别晚，做什么事情都比别人慢半拍。看似他们没有一点进步的迹象，但实际上他们在默默地积蓄力量，时间到了，就会爆发出超常的能量。

这类孩子就像四川的“鬼竹”，生长的前五年，几乎看不到变化，到了第六年，在不到半年的时间里它就可以长到 30—40 米。科学家对大脑发育的纵向研究发现，很多人的大脑至少要到 25 岁才会完全成熟。

花期不同，终有盛开日

每个孩子的成长轨迹和人生节奏都不同，就像每种花都有自己的花期一样，暂时的落后不可怕，可怕的是因为家长的输不起，过早地让花儿遭到了摧残，未能绽放便凋零。

所以，一定要做一个输得起的父亲。输得起的父亲，不会拿“别人家的孩子”来伤害自己的孩子，不会计较暂时的落后与失败，不会随波逐流，盲从他人的教育方式，也不会放弃自己的孩子。

贰 不怕输的孩子背后，都站着一个托底的老爸

“少年自有少年狂，心似骄阳万丈光”，很喜欢张杰的这首《少年中国说》，少年就应该有初生牛犊不怕虎的劲头，面对挑战，内心如磐石，眼中有光芒，不惧困难与失败，这才是少年应该有的样子。遗憾的是，现实生活中，这样的少年不多见。

小卓和我儿子是同班同学，学习成绩还不错，尤其是数学。有一次，学校组织数学竞赛，每班出两名同学，老师点名让小卓报名，可小卓找各种理由，不肯报名。后来，小卓偷偷地和我儿子说，他担心万一考不好，会被人嘲笑，所以干脆不报名。

小卓这种情况属于典型的成功焦虑症，成功焦虑症指的是那些因渴望成功，又无法达到，从而出现焦虑、性情暴躁等状况，这本是折磨现代人身心的时代病症，但近年来逐渐蔓延到孩子身上，其主要表现为拒绝尝试，害怕失败。

或许，有的家长会把孩子的这种表现归结于胆小、怯弱，缺乏自信，这只是部分原因，还有可能是因为他人的态度。孩子往往害怕的不是失败本身，他们有一定的能力克服失败对自己造成

的影响，他们最害怕的是老师的看不起，家长的批评，同学们的疏远。也就是说，**孩子害怕的不是失败本身，而是失败所导致的价值感和存在感的丧失。**

爸爸是给孩子托底的人，不管外人如何评价孩子，我们一定要告诉孩子：输，一点都不丢人。

在2019南京青少年羽毛球邀请赛上，有一个七岁的男孩格外显眼，不是他的打球技术多么厉害，而是他一上场就被对手打蒙了，不一会儿就以1比21输了比赛，仅得到的那一分，还是对手失误送的。但是他的爸爸却为儿子的表现点赞。

下场后，男孩很有礼貌地和对手、裁判握手，并没有像其他小选手那样哭鼻子、闹情绪，而是告诉爸爸：“虽然只赢了一个球，但是我不怕输，以后会继续练习的。”

> 失败可能是变相的胜利，最低潮就是高潮的开始。
>
> ——亨利·华兹华斯·朗费罗

男孩虽然没有赢得比赛的胜利，但是从长远角度来看，这个男孩已经赢了很多人，因为他输得起，能够坦然地面对失败，从失败中总结经验和教训，这样的孩子是成大事的人。

孩子是家长的一面镜子，从男孩失败后，父亲对男孩的态度来看，这是一个很优秀的爸爸，他没有以成败论英雄，而是赞许和肯定了孩子的行为，所以，男孩不会有成功焦虑症，不会因为一两次失败就丧失了对羽毛球运动的热爱。

如果你也希望孩子能成为一个不惧怕挑战，不害怕失败的强者。首先，从现在开始就改变对孩子的评价标准吧，不给爱附加条件，才能让孩子自信地面对错误和失败。

其次，培养孩子的成长型思维模式。简单地说，成长型思维模式就是用积极乐观的态度去面对各种困难和挑战，与固定型思维模式正好相反，固定型思维模式认为一个人有着先天注定的智力、技能或才华。两种截然不同的思维方式，造成了结果的大相径庭。

成长型思维模式		固定型思维模式
迎接挑战	**面对挑战**	逃避挑战
坚持不懈地努力	**面对阻碍**	放弃或自我保护
熟能生巧，能得到更好的结果	**对努力的态度**	努力无法改变结果
从批评中总结经验、教训	**对批评的看法**	忽视有价值的负面信息
从他人的成功中受到启发	**他人成功时**	他人的成功会对自己造成威胁
↓ 取得很高的成就		↓ 放弃努力，无法取得更好的成就

具体来讲，培养孩子的成长型思维模式，应做好以下两个方面：

第一，纠正孩子的说话方式

当孩子遇到了挫折或者失败，神情沮丧地说道：“我太笨了。”我们要纠正这种说法，应该对孩子说：“我不同意你的说法，你只是这次表现得不够好，不代表你下次就一定不行啊！”一定要避免孩子全盘否定的说法，不能因为一次失败，就把自己全部否定了，必须让孩子建立起正确的认知。

第二，从失败中总结经验与教训

忽视失败的价值是很多人都容易犯的错误，其实，从失败中学到的东西远比在成功中学到的东西多得多，只是因为失败是苦涩的，没有人愿意一遍遍地重温失败的过程，从而错过了很多成长的机会。

我们的责任就是教会孩子以平常心看待失败，引导他透过表象，找到失败的根源，总结教训和经验，这样才能避免重蹈覆辙，帮助孩子实现跨越式成长，让孩子看到努力方式对了，真的会有回报。

叁 有复原力的孩子，永远会向阳而生

父亲是具有多重能力的，如具有经济能力、保护能力、教育能力、决策能力等，是家庭的定海神针，是孩子永远的靠山。

每位父亲都希望护孩子一生周全，的确，在人生的上半场，有父亲兜底，孩子能少走很多弯路，但长大终究要靠自己，就像《长津湖》中说的那句台词："一个蛋，如果从外面被敲开，注定被吃掉，你要是自己从里面自己啄开，没准是一只雄鹰。"

有一天，我们终将老去，怎么才能让孩子的人生下半场活出精彩呢？答案是培养孩子的心理复原力，让他做自己的超级英雄，即便有一天，他不幸跌入了低谷，也会有极强的反弹力，能重新登顶高峰。

心理复原力是指个体对逆境、创伤、威胁或者其他重大压力的良好适应能力，简单地说，就是对困难经历的反弹能力，也可以称为"抗逆力"。具有强大心理复原力的孩子，能够实现逆风飞扬。

安徽有一位少年，名叫周桐，是一个不折不扣的学霸，本有机会参加中科大少年班的选拔，可就在选拔前夕，一场车祸不仅让他错失了这个机会，还让他的左小腿被截肢。

这对于一个十七八岁的少年来说，是多么大的打击，可周桐没有自暴自弃，没有让自己陷入负面情绪中无法自拔，而是勇敢地向前看，积极地解决问题。做完截肢手术的第二天，他在ICU里拿起书本。

后来，周桐又经历了八次手术，缺课时间长达七个月，但他始终没有向命运低头，自强不息，顽强拼搏，高考总分684分，并获得清华大学自强计划降40分认定，被清华大学录取。

日本积极心理学学校校长久世浩司在《抗压力·亲子篇》一书中有这样一段话："看起来坚固的大树，在暴雨中很容易被吹断刮折，而看起来弱不禁风的竹子遇到暴风雨，却只是被吹弯，第二天就会变直，因为竹子富有韧性。"

这种韧性就可以称之为心理复原能力，心理复原能力强的人，即使遇到挫折，遭遇不幸，也能迅速恢复，而那些心理复原能力差的人，生活中稍有风吹草动，便会不堪一击。因此，我们一定要培养孩子的心理复原能力。

1.激活孩子的心理复原能力

复原能力，并非人类独有，自然界中普遍存在，比如，曾经受过伤的树干会长出更加粗硬的木纤维，形成一个结实且坚硬的"树瘤"。人类的大脑神经也和受过伤的树干一样，有极强的可塑性，每一次挫折、创伤和失败的经历，都能让大脑重新学习并再度复原。

也就是说，心理复原能力是人类与生俱来的一种本领。但是由于现在的很多家长溺爱孩子，移开了孩子前进路上的绊脚石，让他们失去了面对挫折和自主解决问题的机会，导致孩子们的心理复原能力难以被唤醒。

所以，要培养孩子的心理复原能力，首先就要激活它，而唯一的办法就是家长放手，在孩子遇到困难时，不要急于插手，把独立解决问题的机会还给他们，哪怕犯错也没有关系，不曾失败过，就代表不曾勇于尝试过，尝试的过程就是走在通往成功的正确道路上。

2. 教会孩子正确处理负面情绪

每个人都会有负面情绪，孩子也一样，**但不是所有的负面情绪都会导致孩子心理脆弱，只有那些总是得不到及时释放的负面情绪，日积月累，才会最终压垮孩子。**

比如，孩子竞选班干部落选了，情绪特别激动，大哭大叫，把书包里的东西全部倒出来，丢得到处都是。家长对孩子的这种行为可能会解读为小题大做，不堪一击。其实，落选可能只是压垮孩子的最后一根稻草， 在此之前，他有太多的负面情绪，积压在心里，未能发泄，所以才会在一瞬间崩溃。

正确地处理负面情绪，才能让孩子放下包袱，轻装上阵，重新接受挑战。首先，我们要理解孩子，接纳他的情绪，并与之共情，“落选，是一件很难过的事情，如果是我，我也一定很不开心”。

当孩子情绪低落时，我们可能并不需要做太多的事情，轻轻地拍一拍他的肩膀，给他一个拥抱，或者做一个忠实的听众，就能帮助孩子从负面情绪中恢复过来。遗憾的是，有些家长做了火上浇油的事情，和孩子讲道理或者指责孩子，这很容易激怒孩子，让他更难从负面情绪中走出来。

福特“野马”之父李·亚科卡，一生跌宕起伏，经历了令人难以想象的磨难和困苦，每一次遭遇挫折时，他都会想起父亲对他说过的话：“太阳还会出来，它会照常出来的！相信我。”“先别急，等一等。”这些安慰的话一次又一次为他注入了前进的动力。

一定要成为孩子心中善解人意的父亲。

肆 生命教育若缺席，成长路上会迷路

近年来，学生自杀的事件屡见报端，令人唏嘘不已，正是朝气蓬勃的年龄，未来有无限的可能，为何轻易放弃生命？而且不少学生走上不归路，往往不是因为遇到了天塌地陷的大事，而是因为被父母、老师批评了两句，和恋人吵架闹分手，考试成绩不理想……

这些在成人看来不值得一提的小事，为何会成为压垮孩子的最后一根稻草？说到底是因为孩子缺少生命的教育，没有给孩子树立科学的生死观。

提及生死，很多父母都觉得这是一个沉重的话题，不愿意和孩子讲，其实不然，谈死亡，是为了更好地活着，更珍爱生命。爸爸可以从以下三个方面谈论这个话题。

1. 正确面对死亡

2020 年 2 月，四川眉山一名 13 岁的男孩因家庭琐事与母亲发生争吵后，将母亲杀死。听闻此新闻，很多人都感到无比震惊，同时也会产生这样的疑问：为什么会发生孩子弑母的惨剧？

大多数人都会痛骂男孩是白眼狼，丧心病狂，但这只是表象，根源在于缺乏对生命的敬畏，视生命如草芥，才会践踏生命，把生死当儿戏。所以，我们要与孩子谈死亡，让他们明白生命的价值。

《少年派》中有这样一个桥段：林妙妙养的猫死了，她非常伤心，林大为陪女儿“厚葬”了那只猫，并安慰女儿说：“每个人来到世上都有他的使命，完成了他的使命，他就要告别这里，开始下一个轮回……你不要纠结他们到底死没有死，在你的生命中，他曾经来过，而且彼此喜欢过。”

林大为向女儿很好地诠释了什么是死亡，让女儿明白人生是一场向死而生的旅程，每个人都将面对死亡，所以一定要珍惜当下的每一天，疼爱身边的人，不留遗憾，好好地度过这一生，让生命变得有价值。

2. 学会爱自己

每每发生学生自杀事件，很多成年人在谈论这件事情时，都会说："现在的孩子真不懂事，这让他的父母怎么活啊？"一个连自己的生命都可以放弃的人，连自己都不爱，怎么能做到爱别人呢？

尼采读中学的时候，有一段时间因为不适应，常常一个人独来独往，从来不和老师、同学交流，过得很压抑，特别是看到其他同学都很快地融入了新环境，他越来越自卑，开始厌恶自己，讨厌自己的懦弱无能，他变得很沮丧，将这些不愉快都记录在日记中。

有一天，老师发现了尼采的日记，开始给予他特殊的关照，拉着他参加集体活动，鼓励他和同学交流，渐渐地，尼采喜欢上了集体生活，日子开始变得充实且快乐，他不再写那些令人忧伤的日记，开始以一种健康的心态爱自己，爱同学，爱老师。

爱别人是一种能力，这种能力始于自爱，当一个人能够接纳、欣赏、尊重自己，对自己怀有爱意，内心获得满足与充盈时，才会把爱流向别人。

但是，在一些家庭教育中，父母往往忽视了对孩子自爱的教育，更多的是教育他们学会分享，做一个无私有爱的人，很少关注孩子的自我感受，比如，朋友带孩子来家里做客，父母不经子女同意，就将他最喜欢的玩具拿给小客人，若孩子阻拦，又会被扣上小气、不懂事的帽子。

美国社会心理学家弗洛姆说："爱自己并不是自私的，而是珍惜自己心情和精力的一种具体的行为。”如果家长把孩子爱自己的行为看成自私，久而久之，他们就会自我否定，对自己持批判的态度，做什么事情都会考虑别人，渐渐地失去了自我，也失去了爱自己的能力。

3. 看到自己的价值

有的家长眼中只有“别人家的孩子”，别人家孩子学习成绩好，别人家孩子乖巧懂事，别人家孩子多才多艺，却很少看到自家孩子的长处和价值。孩子心智不成熟，他们对自己的评价，往往取决于父母对他们的评价，在这个世界上，没有哪个孩子一无是处，请不要全盘否定自己的孩子。

除此之外，我们还要引导孩子看到自己的价值，尤其是在他们遭遇失败的时候。再糟糕的境遇也有生机，因为即使是坏掉的钟，每天也有两个时间是准的。父亲的职责就是帮助孩子发现“做得还不错的地方”。

比如，孩子只考了 59 分，因为没有及格，孩子很沮丧。那么，我们可以这样对孩子说：“与上次比较，你已经有很大进步了，距离及格只差一点点。”“没有一道题是因为马虎丢分的，你做得很认真。”“你的字迹很工整，卷面看上去很整洁。”

肯定孩子，让孩子看到自己做得不错的地方，他们才会有勇气和力量继续努力。当然，不是所有的事情非得一定要坚持，如果孩子发现自己做了错误的选择，选择放弃，也是值得肯定和赞扬的，就像在前进的路上，发现走错了路，停下来，寻找正确的道路，及时止损，也是一种收获。

金牌老爸训练营

让我们为孩子今日的挫折庆幸吧

没有输，便没有赢。大多数的时候，赢都在输之后，可是，我们却很少教孩子怎样去面对输，导致孩子一旦输了，就会悲观失望，萎靡不振，这注定了脸皮薄的孩子难成大器。

相反，那些厚脸皮的孩子，就像橡皮球一样，无论生活怎么摔打他们，他们都有能力弹回去，恢复如初。那么，怎么才能培养出一个“厚脸皮”的孩子呢？

首先，爸爸不能心急，要有定力。每朵花的花期都不同，绽放美丽的时间也不一样，要给予孩子充分的信任，切勿拔苗助长。

其次，我们要输得起，才能让孩子赢得起。不要因为孩子的一次考试不理想，就灰心失望到觉得整个人生都完蛋了。当孩子暂时失利时，我们要有托底的能力，培养孩子的成长型思维模式，让他以积极乐观的心态看待成败。

最后，激活孩子的“复原力”。复原力是人类与生俱来的本领，只不过因为我们爱得太多，导致孩子的复原力沉睡于谷底，让孩子遭受一些苦难，触底反弹，复原力才能被唤醒，同时我们要教会孩子正确处理负面情绪，减少负面情绪的困扰，拒绝内耗。

当孩子内心足够强大，才能有力量去面对生活，即便世界以痛吻我，我都能报之以歌。

Chapter 09 奔跑吧，让孩子在冒险中尽情撒欢

现在越来越多的父母成为“直升机父母”，将孩子置于温室之中，殊不知，成长本就是一场华丽的冒险，孩子具有与生俱来的冒险精神，阻止他们去冒险，就是违背了成长规律。父亲应陪孩子一起去冒险，一起去挑战，一起去尝试，一个不惧冒险的孩子，人生注定会与众不同。

壹 别犹豫，让孩子去冒险吧

有了孩子之后，每天都过得提心吊胆，惊心动魄：孩子把床当成蹦床，上蹿下跳；藏进衣柜里，躲猫猫；拿着铅笔，捅插线板上的孔儿；把窗户护栏当成滑梯，爬上爬下……

孩子乐此不疲的冒险游戏，在一些父母眼中是无处不在的危险，为了避免孩子受到伤害，家长常常跟在孩子身后保驾护航，并不时地提醒孩子："小心，危险！"

孩子具有与生俱来的冒险精神，这是因为孩子不能像成人那样进行理智的思考、判断、决策，往往头脑发热，就冲动地去做某件事，无时无刻不在冒险。

或许不少家长认为冒险就等于危险，其实不然。对孩子来说，冒险是一种探索与求知的过程，有远见的父亲都会鼓励孩子适当冒险，因为一个具有冒险精神的孩子，将来才可能成大事。

亚马逊创始人杰夫·贝索斯在他很小的时候就被生父抛弃了，但他很幸运，4岁的时候，他的养父米盖尔·贝索斯走进了他的生活，养父从小就鼓励他追求梦想，勇于冒险。一次采访中他曾提到，他的养父一直教导他，人生就是一场大胆的冒险，要敢于追求自己的目标，不要害怕失败。

后来，杰夫·贝索斯创建了全美第一个网络销售公司——亚马逊。对于这次创业，他并没有十足的把握，但他的养父还是为他提供了启动资金，用实际行动来支持他的冒险行为，最终杰夫·贝索斯凭借着非凡的勇气和决心，取得了成功。

苹果公司创始人史蒂夫·乔布斯有着和杰夫·贝索斯相似的人生经历，他出生后不久就被亲生父母遗弃了，被一对好心的夫妻领养。乔布斯很小的时候，他的养父就经常带他参观各种科技展馆，激发他对科学的兴趣。乔布斯在回忆他的养父时曾说，父亲培养了他的冒险精神，鼓励他勇于尝试新鲜事物，童年的经历对他日后的职业选择和人生道路，都产生了深远的影响。

无限风光在险峰，人只有敢于冒险，才能创造奇迹。与女性在培养孩子冒险精神方面，父亲有着得天独厚的优势。

冒险是孩子成长过程中不可或缺的一部分，父亲要多鼓励孩子去尝试新鲜事物，迎接挑战，在这个过程中，孩子会收获很多成长必需的“营养素”。

首先，冒险激发勇气与探索欲望

孩子对未知事物充满了恐惧与好奇，这种矛盾的心理，会让他们十分纠结，在这个时候，父亲的助推，会帮助孩子克服恐惧，勇敢地向前迈出一步。

有一次，我买了一些虾放在水盆里，准备中午做红焖大虾，两岁半的儿子听到水盆里有动静，好奇地凑了过来，看着虾在水盆里蹦来蹦去。儿子很想伸手去摸，但又有些害怕，有好几次小手伸出来，又缩回去。

我拿起一只虾，放到儿子眼前：“你要不要摸一下？”儿子用指尖触碰了一下虾，立马咯咯地笑了起来，他兴奋极了，眼神中闪着光芒。那一刻，他应该为战胜了恐惧而感到骄傲吧？这种愉快的体验会增强他日后接受挑战的信心。

其次，冒险精神有助于提高解决问题的能力

美国科学家和发明家富兰克林，曾冒着生命危险做了一次雷电实验。在一个雷雨天气，他将风筝慢慢地放上了天空，当一个雷电从头顶上闪过时，他赶紧将手指靠近钥匙，一个强烈的电火花从他手边闪过，这说明天空中的电流通过麻绳和铜钥匙传到了他的手上，意味着他成功地捕捉到了天上的电，并由此发明了避雷针。

因为敢于冒险，富兰克林为电学的发展做出了突出贡献。冒

险往往伴随着无法预知的困难，在冒险的过程中，孩子需要学会分析问题、制订计划、实施行动，并对结果进行评估，冒险的过程比解奥数题更能锻炼他们的思维能力和实际解决问题的能力，这种能力不仅能帮助他们在探险活动中取得成功，还会将其运用到生活和学习中去，即使今后遇到再棘手的问题，他们也能从容面对。

人生要么是一场大冒险，要么一无所有。

——海伦·凯勒

贰 孩子的“捣乱”时光，是寻找新奇的旅程

前两天，儿子邀请我看一部俄罗斯动画片《玛莎和熊》，起初我是不大愿意的，但为了陪孩子，只好逢场作戏。看了一会儿，我就着迷了，因为代入感太强了。

主人公玛莎是一个十足的捣蛋鬼，好奇心极强，是个超级破坏大王，她会滑太空步，会徒手格斗，会做木工和电工活，擅长做果酱，但会把粥和饺子做得一塌糊涂，她身上就像装了永动机，一刻也停不下来。

看到玛莎，我立马想到了我的儿子，小时候他会把抽屉里面的东西全部倒出来，然后自己坐到抽屉里面去；喜欢听到不同物体摔在地上的声音，一次次地把各种各样的东西丢在地上；会把妻子的口红涂满全身，在镜子前扭来扭去，尽情地欣赏自己的“杰作”……

回想那段日子，依然心有余悸，且有些怒气未消，但是在看到《麦片粥》这集时，我突然释怀了，因为玛莎告诉我们：**每个人小时候都有一个小秘密，那就是想做一件不被父母允许的事情。**

小时候，我特别想知道闹钟里藏着什么，每当它发出“滴答

滴答”的声音，对我来说都是一种不小的诱惑。有一天，我趁父母不在家，打开了闹钟的后盖，将里面的零件全部倒腾了出来，第一次认识了吸铁石这个神奇的东西。虽然后来被父母暴揍了一顿，但我一点都不后悔，因为我干了一件酝酿已久的事情，那种愿望实现的狂喜感觉远远胜于皮肉之苦。

很少有家长能容忍孩子的恶作剧，因为在他们眼中这是捣蛋，是制造麻烦，他们想要的是乖巧、听话的孩子。其实，这样的孩子几乎不存在，因为孩子的成长就是从成年人认为的“恶作剧”开始的。

孩子在发育阶段中存在多个敏感期，强烈的探索欲望会促使他们做出很多令人意想不到的破坏行为，比如，七八个月的幼儿，很喜欢丢东西的游戏，他们不厌其烦地把东西拿起来丢下去，这是孩子在学习因果联系，他们通过观察物体落在地上以后的不同反应，来理解事物之间的因果联系。

孩子的每一次破坏行为，都可能是对未知世界的好奇与探索，所以，千万不要不分青红皂白地打击孩子，那些从小就是“破坏大王”的孩子，说不定将来会成为了不起的人。

美国苹果公司联合创始人史蒂夫·乔布斯很小的时候，就展现出了与普通小孩与众不同的一面，会制造各种恶作剧。比如，把发卡插入电源插座的插孔里，只为了闻一闻是什么气味；在邻居家的摄像机前面做鬼脸；上学的时候也非常叛逆，非常迷恋电子产品，经常拆卸一些小型的电子产品，尽管他会被电到或者因此受伤，但依然兴致不减……

在旁人看来，乔布斯是一个十足的捣蛋鬼，实际上他无时无刻不在学习，在拆卸中弄懂了不少电子产品的工作原理，为他后来创办苹果公司奠定了基础，可以说，他的成功就始于小时候的破坏行为。

对于孩子的破坏行为，爸爸不妨充当孩子的挡箭牌，做好与妻子的沟通工作，适当“纵容”孩子的破坏行为。

首先，不要丢掉孩子的“破坏成果”

孩子喜欢拆东西，尤其是男孩，他们会把玩具、小的电器拆得七零八落，搞得家里到处都是小零件，很多家长都忍受不了家里乱糟糟的，就会把这些没用的零件，当成垃圾丢掉。

之前，我也一直这样做。有一次，儿子跟我要一件从玩具车上卸下的轮胎，而我收拾房间的时候已经把它丢掉了，迫不得已，又去垃圾桶里翻找出来，还给了他。后来，他竟然用各种小零件，拼凑出一个新的玩具，他非常兴奋，像宝贝一样捧在手里。

后来，我找了一个纸箱子，将儿子的“破坏成果”全部装进去，隔一段时间，儿子就会从那些“废弃物”中发明创造出一些新玩意。所以，我们一定要保留好孩子的“破坏成果”，这会为他今后的发明创造提供材料和灵感。

其次，参与到孩子的破坏中去

孩子的破坏行为，宜疏不宜堵，既然如此，不如参与到孩子的破坏中去，比如，孩子把玩具拆了，那么，我们不妨将一军：“你能拆下来，能装回去吗？”

这能激发孩子的挑战欲望，若能将破坏的玩具复原，也有助于提高孩子的动手能力。在这个过程中，我们可以充当孩子的指导者，帮助他克服困难，引导他爱惜物品。

叁 珍视孩子的每一次尝试，那是他们成长的跳跳石

人类的学习过程是“错误—学习—尝试—纠正”不断往复的过程，鲁迅曾说：“即使是不成熟的尝试，也胜过胎死腹中的策略。”敢于尝试，才可能有突破，才可能开启成功之门。

放眼古今中外，勇于尝试而获得成功的例子，不胜枚举：李时珍尝百草，完成医学圣典《本草纲目》；爱迪生经过上千次尝试，成功发明了电灯；乔布斯敢于尝试，突破创新，将苹果公司打造成世界上最大的科技公司之一。

尝试是一种投资，失败是一种收获。

——约翰·洛克

大胆尝试，能磨炼一个人的胆量，失败的尝试，能让人收获经验，成功的尝试，能振奋精神，所以，我们一定要引导孩子勇于尝试，这样他才会看见自己的成长。

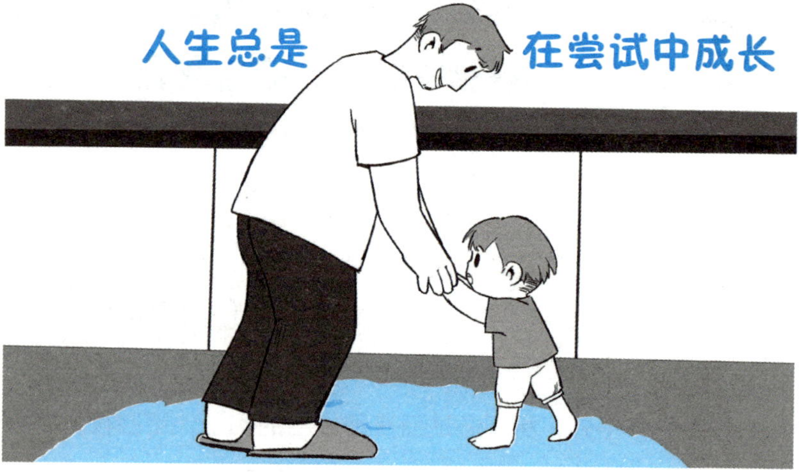

1. 别让成人的经验干涉到孩子

成人的经验对孩子的成长有借鉴意义，但同时也不能忽视一些负面影响。儿子四岁的时候，看到哥哥姐姐们骑的自行车都没有辅助轮，非要让我把他自行车上的辅助轮卸下来，我没有同意，因为我觉得他年龄太小，还无法驾驭两轮车。

儿子是个犟种，三天两头在我耳边唠叨，我一气之下，就卸掉了辅助轮，然后坐到一旁，任由他发挥，心里还有些看他出洋相的想法。没想到儿子却给我上了一堂课。他摔了几跤之后就掌握了技巧，不到半天工夫，就能熟练地骑着两轮车在小区里兜圈了，兴奋地向我炫耀："我说可以吧？我骑得好吧！"

我不愿意让孩子尝试，是因为我自己不够自信，这是一种心理投射，投射指的是个人将自己的思想、态度、愿望、情绪、性格等个性特征，不自觉地反应于外界事物或者他人的一种心理作用。

以儿子学骑车为例，我自己到了八九岁才开始学骑自行车，所以，我认定四岁的儿子学不会，这就是一种心理投射，把自己对某件事的看法投射到别人身上，认为别人也和自己一样。

因此，我们在教育孩子时，要尽可能地避免给他带来负面的影响，在他想要尝试一件事情时，即使直觉告诉你他不会成功，也不要去阻止他，不管结果如何，经历本身就是一种收获。

2. 引导孩子尝试的方式必须正确

5 岁的孩子在关卧室门的时候，不小心把门锁上了。如果你是孩子的家长，你会怎么做？通常会有以下三种做法：

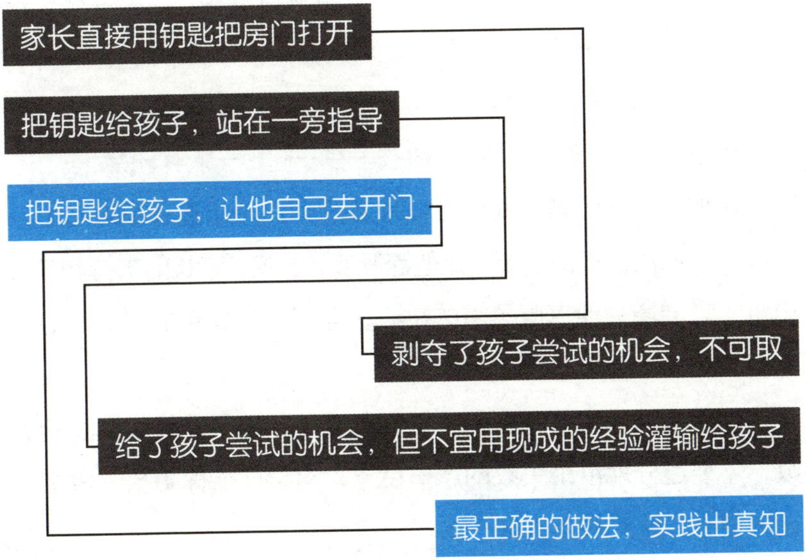

在以上做法中，虽然第二种和第三种都给了孩子尝试的机会，但是现成经验远不如自己尝试得来的经验更容易令人接受，也更喜悦和兴奋。

任何人的成功往往都是经历了无数次探索和失败才取得的，每个人在做事的时候，都要经过一个学习实践的过程，只有不断尝试、实践，才能做得更好。

所以当孩子在做某件事时，我们不要过早地插手，走开一点，让他大胆去尝试，如果孩子因为屡屡失败，导致情绪不佳，我们可以帮助他总结经验，引导他找到问题的原因，而不是直接告诉他怎么做，否则，即便他最后做成功了，但还是会少那么一丢丢成就感。

3. 接纳孩子的情绪

尝试是对未知事情的挑战，孩子会感到恐惧，不要否认孩子的害怕，更不要责备孩子。我们要承认他们害怕的东西的确存在，不要试图用否定掩盖事实，这会让孩子失去对你的信任，帮助孩子克服恐惧，最好的方法就是和孩子在一起，一起体验恐惧。

比如，孩子怕黑，我们可以抱着孩子，一起置身于黑暗中，鼓励孩子说出自己的感受，让他深呼吸，放松，家长的支持和“共患难”，会增强他克服黑暗的决心，有了一次成功的突破，他会觉得黑暗也不是想象的那么害怕。

如果尝试失败了，我们不要责备孩子，要平心静气地看待失败，不要过分地渲染失败的严重后果，这样才能保护孩子敢于尝试的信心，使其敢于再试一次。

肆 穿上爸爸牌“安全守护装”，让孩子任性地耍

孩子是父母的掌中宝、心头肉，生怕有一丁点的闪失，所以，父母往往不敢放手让他们去冒险，害怕他们有危险，但实际上真正的安全是培养孩子处理危险的能力，而不是过度保护他们。

美国杂志《大西洋月刊》（2015 年 4 月号的封面专题）曾做过一个专题“被过度保护的孩子”，文章中揭示了一个事实：以安全之名的过度保护，已经将独立、冒险和探索精神从孩子们的童年中剥离，然而孩子们实际上并没有变得更安全（尤其是在心理层面）。

我始终认为有过“危险”经历的孩子，才会长记性，建立起安全意识。我儿子刚学会爬的时候，有一次不小心从床上掉了下来，有了这次“惨痛”教训之后，我故意把他放到床边，他会向后退，主动远离危险，那时儿子才八个多月。

可能很多家长认为孩子没有安全意识，意识不到危险，其实不然，根据进化心理学的研究，孩子出生时就已具备在玩耍中冒险的本能。人类诞生之初，就生活在一个危机四伏的环境中，学

习面对危险是事关生存的大事，在漫长的进化历程中，我们祖先的生存本能早已经根植于我们的基因中。

比如，我们来到一个陌生的环境之中，会感到紧张、焦虑，不由得提高警惕，这就是一种防范风险的本能，幼儿认生也是这个道理。

成长是一场华丽的冒险，不能因为冒险就阻止孩子长大，与其因噎废食，不如学会风险管理，给孩子建立起安全的边界，让孩子在风险可控的情况下，合理冒险，应对挑战，体会成长的快乐。

1. 当好安全员

爸爸在陪伴孩子的过程中，一定要对可能出现的危险做好预判，当好安全员。

比如，孩子进入细节敏感期之后，常常喜欢抠洞洞，对插座上的洞洞会“情有独钟”，此时，你跟他讲“有电，危险”，他是理解不了的，不如把插座放在高处，让孩子接触不到，给孩子创设一个相对安全的玩耍环境。

2. 为孩子提供可控的冒险环境

冒险是孩子的本能，每个冒险的行为背后，都有着不同的探险需求，与其阻止孩子，不如用替代法满足孩子的需求。

比如，孩子总喜欢从高处往下跳，这是很危险的行为，容易摔伤，那么，我们就可以给他创造一个相对安全的跳跃环境，如在地上铺上垫子，或者带孩子去游乐场玩蹦蹦床；孩子常拿着剪刀、锤子、螺丝刀，拆卸玩具、小电器，我们就可以给他买一些可拆卸可组装的玩具，让他变身“拆装工程师”。

3. 让危险可视化

随着年龄的增长，孩子的能力越强，冒险的冲动也越强烈，尤其是到了青春期，常常做出疯狂的行为，我们的叮嘱、说教，已经无济于事，只有让危险可视化，他们才能真切地感受到疯狂的后果是多么可怕，给他们的盲目乐观兜头浇下一盆冷水。

比如，现在的初中生骑自行车时，经常耍酷，抬起前轮，使自行车与地面呈六七十度，或者双手插兜，不扶车把，那么，我们就可以给他们看一些因耍酷导致的交通事故的视频。

如果条件允许，我们可以做一些实验，比如，有的孩子喜欢玩刀子、剪子等尖锐的东西，我们可以拿一把锋利的刀子切肉，让孩子站在一旁观看，让他见证刀子的威力，让危险可视化，会让孩子对危险多一份敬畏。

4. 避免一些动画片的不良影响

孩子爱模仿，经常会模仿动画片中的一些人物和情节，近年来，有好几例儿童模仿动画片撑伞跳楼的事件发生，这提醒我们要警惕动画片中的不良诱导。

孩子撑伞从楼上跳下，是因为他们意识不到这样做的危险，我们可以演示给孩子看，将一颗鸡蛋从桌子上滚下去，让孩子看到鸡蛋的“悲惨”下场，告诉孩子，“从太高的地方跳下去非常危险，会失去生命，以后再也见不到爸爸妈妈了”。

另外，我们要注意甄别，选择适合孩子看的动画片，如看一些益智科学的、语言类的动画片。

凡事都要一分为二地看待，风险的背后是机遇，孩子爱冒险，是因为他们对世界的好奇，与其将孩子养在父母的羽翼下，竭尽全力地为他们撑伞遮风挡雨，不如教会他们自己打伞，学会辨识风险，应对挑战。

伍 孩子会冒险，才能绕开大麻烦

在孩子成长过程中，会面临各种风险，我们不能一直陪伴左右，护其周全，一切还要靠孩子自己，授人以鱼不如授人以渔，教会孩子做好风险决策，学会自我保护，才是规避风险的最好方法。

1. 提高孩子的理性思考能力

由于心智不成熟，孩子做事往往比较冲动，这样就容易发生危险，所以，我们要有意识地提高他们的理性思考能力。

比如，孩子喜欢把自行车踩得飞快，喜欢风从耳边呼呼吹过的刺激感，那么，我们不妨问问他："你骑得这么快，会产生什么后果吗？"

很多时候，不是孩子本身想去冒险，而是他们根本就没有防范风险的意识，没有理性思考的能力，我们多提醒他们，就是在引导他们进行理性思考，使其具备防患于未然的能力。

2. 明确不可逾越的底线

在孩子成长的过程中，冒险无处不在，但有些事情绝对不能做，这是不可逾越的底线，如果我们不明确哪些事情是不可逾越的底线，他们做事情就不会有边界。

很多小孩都喜欢从高高的台阶上跳下来，我儿子小时候也是如此，于是，我明确告诉他：一、如果我不在身边，你绝不能从高处往下跳；二、如果我没有张开双臂，做好接住你的准备，也不能往下跳。

儿子很守规矩，所以，我每次在保证他安全的前提下，都会让他玩尽兴为止，从来没有发生过危险。

和我儿子同样大的一个男孩，也喜欢从高处跳下来。有一次，他的爸爸站在台阶下面，但他并不知道儿子要从台阶上跳下来，男孩则认为爸爸一定会接住自己。结果就发生了危险，男孩重重地摔在了地上，头部受伤出血。

所以，我们一定要教给孩子一些不能触碰的底线，让他们学会躲避风险。

3. 引导孩子做好风险决策

冒险不等于蛮干，冒险应该是有计划、有步骤的实践活动，对于大一些的孩子来说，在冒险之前，应该让他们做好风险评估以及应对风险的措施，再做决策。

第一步：评估风险

当孩子犹豫要不要去做一件冒险的事情时，我们应让他做好三连问。

Q
1. 你冒险的意义是什么，你想获得什么？
2. 如果失败了，结果会有多糟糕，你是否承受得了？
3. 有没有办法，降低做这件事的风险呢？

通过这样的提问，可以让孩子判断出做这件事值不值得去冒这么大的风险。如果值得，就果断去做，并继续下面的步骤。

值得一提的是，我们应提醒孩子认清风险与危险的区别，危险是无法预知的，不可控的，即不可突破的底线，比如，闯红灯、横穿马路，这就是危险；而风险是可控的，比如参加篮球比赛，存在受伤的风险，但可以把风险最大限度地降低。

第二步：有效降低风险性

当孩子确定要去做这件冒险的事情后，我们要让他预判出做这件事可能出现的风险，逐条列出来，并制定出有效降低风险的方案。

比如，孩子们要自行组织一次春游活动，我们应引导他们思考，在春游的过程中可能会出现哪些状况，以及应对策略是什么，做好预案，遇到问题时，孩子才能临危不惧，化险为夷。最好针对每一种可能存在的风险，都准备两个以上的应对方案，这样才能确保万无一失。

冒险不是一个二元的选择，要么有风险，要么安全无事，在这两者之间还有很多种可能性，我们要让孩子做出一个把风险降到最小的方案，让孩子做一个有大智慧的冒险者。

金牌老爸训练营

把孩子培养成为有大智慧的冒险者

人生是一场华丽的冒险，孩子天生就具有冒险精神，无时无刻不在进行冒险的游戏，这本是成长的必经过程，却被很多家长解读为危险，“捆住”孩子的手脚，试图让他们变得老老实实。

殊不知，不冒险才是最大的风险，这会让孩子错过学习和成长的机会，缺乏自信心和独立性，很难在社会立足，面临生存危机。

所以，有格局有远见的爸爸都会鼓励孩子去冒险，去尝试，哪怕是孩子拆了家里的电器，搞坏了东西，都会支持他，因为每一次破坏，都是一个探索的过程，都可能成为他们成长的跳跳石，让他们未来看到更大的世界。

当然，冒险不等于危险，不等于对孩子的所有有风险的行为都视而不见，充耳不闻，爸爸要当好安全员的角色，为孩子提供可控的冒险环境，引导孩子做好风险决策，将危险降到最低，让孩子成为一个有大智慧的冒险者。

Chapter 10 想成大事儿？那就别老跟着别人的脚印走

在大多数人的认知里，能成龙成凤的孩子，应该是乖巧、懂事，勤奋、努力的，但事实上，能成大事的人，都不走寻常路，他们可能学习成绩并不好，也可能寡言木讷，还可能有很多缺点，但是这并不会阻碍他们成才，每个平平无奇的孩子身上都蕴藏着宝藏，而父母就是挖宝的人。

壹 即使孩子学习不好，将来也会有闪耀时刻

读书，是普通人最好走的捷径。所以，我们在教育孩子的时候，都会把读书好作为衡量孩子优秀与否的重要标准，孩子在学习上稍有懈怠，就会训斥孩子：“你不好好读书，将来怎么生活，拿什么养活自己？”

在很多人的头脑中，都形成了这样一种根深蒂固的认知：学习不好——考不上高中——考不上大学——没有好的生活。曾经看过这样一则新闻：安徽阜阳一位妈妈，因孩子没有考上重点高中，愤怒地将孩子贴满墙的奖状全部撕了下来，他的爸爸还在一旁吓唬道：“没考好，就不要上学了！”很难想象在父母负能量的双重发泄下，这个孩子心里该是多么失望与难过啊！

当下家长们为何普遍奉行“唯读书论”呢？这与当今社会选拔人才方式单一，学校常根据成绩来评估学生的能力息息相关，某些情况下，学生可能会表现出低于平均水平的成绩，所以，大家就会认为成绩不好就意味着将来不会有出息，这种想法太极端，并不完全正确，因为学习成绩并不能代表一个人的全部能力，孩子的未来并不仅仅取决于学习成绩，许多成功的人在学校的表现

并不尽如人意，但是他们通过其他方面的努力，取得了巨大的成功。

松下电器的创始人、被称为经营之神的松下幸之助小时候读书时并不勤奋，学业也不优秀，只读到小学四年级，就被父亲松下政楠送到宫田火盆店做学徒，那一年他只有九岁。

仅三个月，宫田火盆店就倒闭了，松下幸之助又到自行车店当学徒，在此期间，他曾要求父亲让他继续上学，但被父亲拒绝了，父亲常教育他说：你会有出息的，从前的人小时候都在别人家里做过工，只要下苦功夫就会成为优秀人才，所以，你不要觉得辛苦，要坚强忍耐才行。

当时松下幸之助工作的车店位于商业大都市大阪首屈一指的购物街，到处充满了商业气息，长期耳濡目染，让他渐渐萌生了经商的念头，他牢记父亲的叮嘱，一直在默默努力，寻找机会。

1918 年，松下幸之助在大阪创立松下电器制作所，开始了创业生涯。经过几十年的努力，他把一个小作坊办成了拥有四万名员工的世界一流电器制造集团，取得了举世瞩目的成就。

孩子的成长是一个漫长且复杂的过程，学习成绩只是成长过程中的一个方面，并不能完全决定孩子的未来。美国著名发展心理学家、哈佛大学教授霍华德·加德纳博士指出，人类的智能是多元化而非单一的，主要由音乐智能、运动智能、语言智能、社会交往智能、数学智能、空间智能、自知智能和自然智能组成，即八大智能，每个人都拥有不同的智能优势组合。

天生我材必有用，每个孩子都有自己擅长的一面，有的孩子虽然没有读书的天赋，但他一定有自己的特长和兴趣，而这些特长和兴趣往往能决定他们未来的发展方向。

被大家称为“00后天才画家”的凌云登，从小学习成绩一般，但他非常喜欢画画，没有专业的老师教他，一切都靠他自己摸索，父亲看到他对画画十分痴迷，支持他追求自己的兴趣爱好。

凌云登从三年级开始自学画画，因为家里只有铅笔，他的爸爸就骑着摩托车，往返六十多里地到县城给他买笔。初三毕业那年，他喜欢上了用圆珠笔画画，他把自己的作品上传到网上后，瞬间爆火，声名大噪，被邀请上了央视。

高中毕业后，凌云登没有考上心仪已久的中央美术学院，父母和老师都劝他复习一年，可他有自己的打算，选择了一所专科院校，继续深造。

老天不会辜负努力的人，2023年7月初，北京保利拍卖公司2023春季艺术品拍卖会在京举办，凌云登的作品《母与子》以8万元起拍，最终15万元落槌，成为首个作品被北京保利拍卖的中国“00后”艺术家。

在这个多元化的时代，读书考大学并不是唯一出路，即便考上了大学，与有无出息也没有必然的联系，因为在人的一生中，会面临许多机遇与挑战，这些机遇与挑战往往比学习成绩更能决定他们的未来。

如果孩子没有读书的天赋，我们苦苦相逼，只能让孩子变得越来越自卑，一个自卑的人怎么活得开心快乐？与其如此，我们不如放下执念，饶过自己，也放过孩子，换一个视角看待孩子的成长和发展，关注他们的特长和兴趣，支持他们发展自己的兴趣爱好，找到一条适合他们发展的路，孩子同样可以一路繁花，活出自己的精彩。

贰 内向的孩子是待挖掘的宝藏，平淡无奇中藏着星辰大海

这个世界对性格外向的人往往比较友好，会夸奖他们“能说会道”“开朗阳光”“积极主动”，而那些性格内向的人则常会被人认为“呆头呆脑”“木讷寡言”“腼腆自卑”，就连很多父母都无法容忍孩子性格内向。

我认识一个很乖巧的小女孩，性格比较内向，不爱说话，每次与人见面都会微笑着点头示意，可是她的妈妈常常训斥她：“和别人打招呼，大点声啊！我怎么就生了你这样一个闷葫芦？”

在外向性格备受推崇的今天，“内向”似乎成了一个贬义词，当有人说某人性格比较内向时，言语中总透露出一种轻蔑、怜悯之意。实际上，有些孩子内向的性格是先天气质决定的，并不容易改变。

哈佛发展心理学家杰罗姆·卡根为了搞清楚婴儿是否天生就有独特的秉性，并且这些秉性是否会持续到长大后，测试了 462 名婴儿，并进行了长达十几年的追踪研究，发现婴儿天生就有自己独特的秉性，这些秉性会影响到他们未来的性格。

每个人都是独立的个体，每个人都是与众不同的，不能因为

我们是性格开朗的人，就认为孩子性格内向不好，逼迫孩子去改变，这只会让他更胆小、更自卑。让孩子活得更像自己，这才是教育最好的成功。

如果你家孩子比较内向，那么，真的要恭喜你了，内向的孩子是宝藏，千万不要低估了他的实力。根据英国心理学家汉斯·艾森克的研究，性格内向的孩子更愿意保持清醒和警觉，当一群孩子在一起玩时，你会发现那些外向的孩子非常活跃，玩得很嗨，因为他们的能量来自外部世界的刺激，但内向的孩子不同，他们不需要外部世界的过多刺激，他们的能量来自自身的内在世界，他们不喜欢吵闹的环境，更喜欢独处，与玩具、图书为伴，但这并不代表着他们孤僻和自闭。

相比外向的人，内向的人有着独特的优势，他们喜欢独立思考，心思缜密，做事谨慎等。狼成群，虎独行。如果你留心观察会发现，很多成功的人士都是内向性格的人，这个结论并非空穴来风。

内向的孩子更关注自己的内心

外向的孩子更关注外面的世界发生了什么

美国有一项历时30多年针对社会精英的调查研究发现，内向型性格的英才是外向型性格英才的3倍，IQ越高的人，内向型的倾向就越强烈，而且内向的人在创作、艺术、科研等领域有着外向者无法比拟的天赋。

现代物理学的开创者和奠基人爱因斯坦就是一个典型的内向人，他很晚才会说话，直到七岁，依然是一个沉默寡言、不愿意多说话的孩子。在《爱因斯坦传》中有这样一段描述："他自始至终都是一个有独立思想的人，他内心沉静，绝不墨守成规，思考不受外界影响，想象力的驱策使他能够从传统的束缚中解放出来，他是个怪人，一个可敬的叛逆者。"

为什么爱因斯坦能取得那么大的成就呢？爱因斯坦曾说过："宁静生活的单调与孤寂能启发创意的思维。"这或许就是答案，一个内心宁静的独行者，才能保持清醒的头脑、高度的专注力、敏锐的洞察力。

当然，性格内向的孩子也并非十全十美，他们身上也会有一些缺点，比如，不善于沟通交流，不会与人相处等，而现在这个社会不需要独行侠，单打独斗已经成为过去，需要开放协作、抱团取暖，所以，我们需要有意识地培养孩子的人际交往能力，但并不一定要逼迫孩子去做某些事情。我们不妨看看比尔·盖茨的父母是怎么教育内向孩子的。

比尔·盖茨从小就内向，不喜欢和小伙伴一起出去玩耍，常常一个人坐下来安静地看书，他最喜欢看《世界图书百科全书》，每次都会一字一句地看完整本书，可以一连看上几个小时。他还喜欢一个人待在地下车库里，专心做自己的事情，就连家人叫他吃饭，他都懒得动弹。

盖茨的父母都是比较外向的人，善于交际，当他们并没有因为盖茨内向，就觉得他有什么不正常，但是他们深知社交的重要性，就有意地带他出席各种场合，比如，盖茨的爸爸去参加美国律师协会的会议的时候，就会带上盖茨，让他去当个迎宾；参加夏令营活动时，也会增设一些孩子与父母的互动环节，让盖茨学会与人交往。

渐渐地，内向的盖茨可以在公众场合勇敢地表达自己的想法，说起话来还带着几分幽默，常常引起一阵欢笑。

比尔·盖茨的经历告诉我们，内向的人也可以很好地与人沟通、处理人际关系，拥有强大的领导力。

总之，内向的孩子看起来平淡无奇，但他们都是待开发的宝藏，而父母就是挖宝人。

叁 做包容孩子短处的好伙伴，不做“逆天改命”的魔法师

美国成功学励志专家拿破仑·希尔曾经说过：“每个孩子都有许多优点，父母却总是盯着孩子的缺点，认为只有管好孩子的缺点，才能让孩子更好地成长，其实这样做就像蹩脚的工匠，是不可能造出完美的瓷器的。”

的确如此，大多数家长都是挑剔的人，即便孩子已经很优秀了，但总是能找出一些瑕疵。

有一个朋友曾给我讲过这样一件事：他读小学时，成绩一直不是很好，考试几乎没有超过 90 分，有一次，他竟破天荒地考了 95 分，位列班级第二。可当他十分兴奋地把这件事告诉爸爸时，爸爸只是很平淡地“哼”了一声。朋友有些失落，又补充说道：“我与第一名只差了两分。”爸爸立马严肃地问道：“你为什么比别人少两分？”

朋友说虽然时隔多年，但当时的失落心情至今依然铭记于心，在那一刻他感觉所有的自信都被爸爸冰冷的话语打击得无影无踪了。

在你的记忆中，有没有因父母挑剌，让你耿耿于怀至今呢？

现在我们做了父母，是不是也在重复父母当年对我们做的事呢？

其实，挑刺、盯着别人的缺点不放，并非为人父母的专利，人人如此。因为这是人类大脑的“负面偏好”决定的，负面偏好指的是人们往往会更好地注意负面的信息和事物，并强化这种体验，这是人类社会中一种很古老的生存机制。在远古时期，一个错误就可能让人丧命，所以，人们会对错误十分在意，导致对他人的错误容忍度特别低。

现在，大部分错误不会给我们造成致命的威胁了，但大脑的“负面机制”仍然存在，所以，我们依然擅长挑刺。了解了这一点，可以让我们对自己宽容一些，同时也能够以平常心看待孩子的缺点。

现在有不少家长热衷于兴趣班，看到别人家孩子能歌善舞，咱们也得报个班，学个舞蹈，提升一下气质；看到别人家孩子琴声悠扬，咱们也得学个钢琴、小提琴；看到别人家孩子轮滑玩得酷，咱们也给孩子安排上轮滑……

可是当孩子的表现不如别人家孩子时，我们往往会立马翻脸：“你怎么那么笨，别人能学会，为什么你学不会？”俗话说，龙生九子个个不同，孩子生来本就不同，孩子身上的一些缺点可能是他的个性所致，并非他不努力的结果。

不是有那么一句话嘛：在天赋面前，努力一文不值。虽然这种说法太过偏激，但并不是没有一点道理。假如孩子天生不是运动的那块料，哪怕从出生开始练起，也很难成为奥运冠军。对于那些孩子不可控的缺点，我们只能接受，而不要试图逆天改命。

当然，这并不是说我们对孩子所有的缺点都视而不见，对于那些通过努力可以改变的不良行为或者习惯，如拖拉、懒惰、说谎等，还是应该引导、帮助孩子去改正。但谁都不愿意承认自己的缺点，如果我们不讲究点策略和技巧，而是带着批评的口吻要求孩子，往往适得其反。

比如，孩子做作业拖拖拉拉，半个小时过去了，只写了一行字，你忍不住批评道："你每次都这样，总要拖拉到很晚。"孩子立马会暴怒，要么挑衅地说道："对呀，我就拖拉了，怎么样吧？"要么反驳道："我怎么拖拉了？我一直在写啊！"

当孩子把注意力都放在对抗我们的情绪上，就不会反思自己的行为，不认为自己有缺点，这要求我们要提高沟通能力，掌握负面反馈的技巧：BIC 理论。

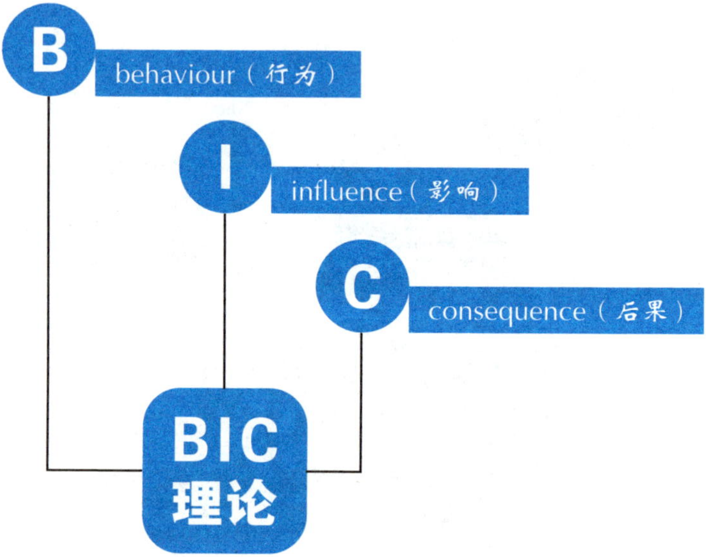

我们在指出孩子的缺点时，应按照以下步骤进行：

第一步，客观描述孩子的行为（B）：只讲事实，不作评价。

孩子放学回家后，玩了一个小时还没有开始写作业，有的家长就会对孩子说："你做事总是拖拖拉拉。"这是对孩子拖拉行为的评价，而不是描述拖拉的行为，尤其是用"总是"这个带有情绪性的评价性词语，会让孩子非常反感，激起他的反抗。

正确的说法应该是："你五点回到家，现在已经六点了，你已经玩了一个小时，还没有开始写作业。"这是事实，孩子通常不会反驳，这就为接下来的谈话打下了一个良好的开端。

第二步，说出孩子行为所产生的影响(I)：可视的、短期的、负面的影响。

我们反复强调孩子的缺点，并不能让他认识到自己的缺点会造成怎样的影响，所以，他才会不着急去改正，甚至不认为这是缺点。

以孩子做作业拖拉为例，我们应该对孩子说："你做作业拖拉，要做到很晚才能完成，这会影响睡眠，睡眠不足，上课就会犯困。"

作业很晚才完成，会造成睡眠不足，影响上课质量，这些负面的影响都是显而易见的，很容易被孩子接受。

第三步，说出孩子的行为对未来会产生的后果（C）：要涉及核心利益，以引起重视。

对孩子的缺点进行负面反馈时，要考虑他的行为会给自己带来怎样的后果，而不是给父母带来怎样的影响。

比如，孩子因拖拉，作业很晚都完成不了，有的家长就会批评孩子说："你写这么晚，害得我都不能早早地睡觉。"或者说："你拖拉到这么晚写不完，明天老师又会找我告状，我可不想再丢人了。"

显然，以上的这些不良影响都是从父母的角度而言的，孩子无法感同身受，正确的说法应该是："拖拉的习惯一旦养成，会发现很多事情都无法按计划完成，事情积累多了，就彻底完成不了了，学习效率会下降，你就会落后于其他同学，很快你就会从优等生变成差生。"当孩子意识到自己的缺点会造成怎样的后果，他才会试图去改变。

肆 爸爸们别含蓄了，来点甜蜜的夸奖吧

古语有言：良药苦口利于病，忠言逆耳利于行。或许是受传统文化的影响，中国人对赞美比较吝啬，尤其是父母，多以鞭策为主，很少夸奖孩子，其实这违背了教育的规律。

美国心理学家威廉·詹姆斯指出："渴望被人赏识是人最基本的天性。"心理学研究发现，人性都有一个共同的弱点，即每一个人都喜欢别人的赞美。所以，有一种说法叫"好孩子都是夸出来的"。

卡尔·威特是德国的一个著名的天才，八九岁时就能自如运用德语、英语、意大利语、法语、拉丁语和希腊语六种语言；九岁考入莱比锡大学；十岁进入哥廷根大学；十三岁出版《三角术》；十四岁获得哲学博士学位；十六岁获得法学博士学位，并担任柏林大学的法学教授；二十三岁发表《但丁的误解》……

卡尔·威特的人生就像开了挂，让人望尘莫及，可是，你或许不知道他出生的时候曾被认为是个痴呆儿，就连他的母亲都觉得对他进行教育就是白费力气。但是他的父亲老威特不这么认为，他常

常对儿子说：“你是非常聪明、非常好的孩子。”

卡尔·威特刚开始练习写作时，对自己没有一点信心，当他忐忑地把第一篇文章拿给父亲时，父亲立刻注意到了他的不安，虽然这的确是一篇很糟糕的文章，但是父亲不仅没有责备他，还夸奖道：“这是你第一次写作，非常不错，爸爸刚开始写作时可比你差远了。”

老威特认为，只要孩子有一点可取之处，就应该毫不吝啬地夸奖他，即使有做得不够好的地方，也不要责备、讽刺挖苦，困难时给予鼓励，进步时给予奖励，孩子才会信心百倍。正是在父亲的赏识教育下，卡尔·威特克服了一个又一个困难，走向了成功。

古人云：数子十过，不如赞子一长。孩子能否成才与其自信心的强弱有着很大的关系，我们推崇赏识教育，其目的就在于强化孩子的自信，孩子得到父母的认可和赏识，从而将其内化为自己的认知：我能行。

赏识是爸爸最好的教育决策，但是在执行这一决策时，可能会有这样的顾虑：我经常夸奖孩子，会不会让他骄傲呢？

我曾经也有过这样的困惑。由于我儿子学习成绩很不错，经常被老师表扬，大家都叫他学霸，孩子就有些骄傲。我担心他会忘乎所以，所以很少表扬他，偶尔还会打击他，我以为这样做能够激励他上进，可我却忽视了一点：**不被父母夸奖和表扬的孩子，会缺乏自信。**

我发现儿子做一件很小的事情，都会犹豫很久，总会来征求我的意见，比如，该买哪个款式的鞋子，今天穿什么衣服合适等，我让他自己做决定，他总觉得自己会做出错误的决定。再比如，他终于解出一道奥数题，然后会反复地在我面前炫耀：“我是不是很棒？”“爸爸，你说我聪明吗？”

从儿子的种种表现中可以看出，他是不自信的，而造成他不自信的重要原因是我对他的态度，既希望他更好，又害怕他骄傲自满，于是一直在打击他。

孩子心智不成熟，往往通过他人的评价来对自我进行评价，父母是孩子最亲近、最重要的人，若父母对孩子持怀疑的态度，那么，外人不管怎么夸奖他，他都不会表现出十足的自信，孩子最希望得到父母的夸奖，可恰恰我们又那么吝啬。

那么，我们到底该如何执行赏识教育的策略呢？把握好以下两条原则是关键。

一是不夸奖孩子聪明，只夸奖他努力

美国斯坦福大学行为心理学教授卡罗尔·德韦克认为，夸奖孩子努力用功，能够给孩子一个可以自我掌控的感觉，而夸奖孩子聪明，就等于告诉孩子成功与聪明与否有关，这不在自己的掌控之中，那么，他们在面对失败时，便会不知所措。

这提醒我们当孩子取得进步，在表扬孩子时，千万别说：“你真聪明！”不然，他可能会看轻努力的重要性，认为自己很聪明，是不需要努力的，甚至认为努力就等于承认自己不够聪明。

二是夸奖过程，不夸奖结果

你会在什么时候夸奖孩子？大多数家长都会在孩子取得成绩之后，这种太在意结果的夸奖行为，会让孩子急功近利，变得浮躁，滋长傲慢之气。

相比结果，我们更应该看重孩子追求目标的过程，在这个过程中，他付出了努力，他改变了过去不良的习惯，这些都应该成为我们赞美他的理由，也更能激发他对自己的信心。

爸爸说，我就是一颗闪亮的星星

金牌老爸训练营

当潮爸，跟上时代步伐

每个孩子都有自己的成长路径，读书不是唯一路径，也不是所有的孩子都适合，不必强求孩子跟着别人的脚印走，找到最适合自己的一条路，便是捷径。

尺有所短，寸有所长，让孩子将长处发挥到极致，便是人生赢家，不要抓着孩子短处不放，总幻想着逆天改命，这是自寻烦恼。

每个人的性格都独一无二，有的孩子内向沉稳，有的孩子外向活泼，别按照自己的喜好去要求孩子应该内向或外向，内向孩子并非你认为的那样“木讷”，他比你认为的要优秀得多。

好孩子都是夸出来的。收起你的严肃，多给孩子来一些甜蜜的夸奖吧，你会拥有一个让你刮目相看的孩子。

陪伴孩子长大，也是陪自己长大，一个合格的爸爸，应该与时俱进，持续更新教育理念，努力赶上孩子的成长步伐。